2ᵉ année • 2ᵉ cycle du primaire

Chantal Bergeron

Bizz!

Science et technologie

W9-AFW-484

Cahier

d'apprentissage

LES ÉDITIONS

CEC

9001, boul. Louis-H.-La Fontaine, Anjou (Québec) Canada H1J 2C5
Téléphone : 1-800-363-0494 • Télécopieur : 514-351-3534

Direction de l'édition
Claude Fortin

Direction de la production
Danielle Latendresse

Direction de la coordination
Rodolphe Courcy

Charge de projet
Stéphanie Bourassa

Révision linguistique
Marie Auclair

Correction d'épreuves
Marie Théorêt

Conception et réalisation graphique

Illustrations
Serge Rousseau
Stéphan Vallières

Remerciements
Les auteurs et l'Éditeur tiennent à remercier les personnes suivantes
pour leurs commentaires et leurs suggestions au cours de la rédaction
de ce cahier.

Consultants scientifiques
Robert Lamontagne, astrophysicien, Université de Montréal.
Jean-François St-Amant, chargé de cours, Université de Montréal.
Éric Guadagno, chargé de cours, Université de Montréal.

Consultants pédagogiques
Deux enseignants de la Commission scolaire de la Pointe de l'Îsle.

BIZZ! – Cahier d'apprentissage
2ᵉ année du 2ᵉ cycle du primaire
© 2013, Les Éditions CEC inc.
9001, boul. Louis-H.-La Fontaine,
Anjou (Québec) H1J 2C5

Dépôt légal : 2013
Bibliothèque et Archives nationales du Québec
Bibliothèque et Archives Canada

ISBN 978-2-7617-6150-5 (Cahier d'apprentissage)

Imprimé au Canada
1 2 3 4 5 17 16 15 14 13

Table des matières

Univers vivant

Voyage au cœur du vivant 2

Unité 1 Une organisation qui a de la classe! 3
La classification des animaux 3
Le carnet du scientifique 6

Unité 2 La reproduction chez les animaux 7
La reproduction sexuée 7
Le développement de l'embryon 8
La transformation du vivant 9
Le carnet du scientifique 12

Unité 3 Des organes qui ont du sens 13
La peau et le toucher 13
La langue et le goût 13
Activité 3.1 Laboratoire 14
Le nez et l'odorat 15
L'œil et la vue 15
L'oreille et l'ouïe 16
Le carnet du scientifique 17

Unité 4 Ces pattes sont faites (pas seulement) pour marcher! 18
La marche 18
La reptation 18
Le saut 18
Le vol 19
Le carnet du scientifique 20

Unité 5 Faire le plein 21
Les essentiels 21
La chaîne alimentaire 22
Le carnet du scientifique 23

Unité 6 Un jeu de cache-cache 24
Des champions du camouflage 24
Activité 6.1 Laboratoire 26
Le carnet du scientifique 27
À l'essentiel 28
Synthèse de mes découvertes 30

Univers matériel

La matière dans tous ses états 32

Unité 1 Matière à réflexion 33

Attention ! Ta masse n'est pas ton poids 33
Qu'est-ce que la masse volumique ? 35
Activité 1.1 Laboratoire 36
Activité 1.2 Laboratoire 37
Le carnet du scientifique 38

Unité 2 De l'énergie à revendre 39

Différentes formes d'énergie 39
Activité 2.1 Laboratoire 41
Nous sommes de grands énergivores 42
Le carnet du scientifique 43

Unité 3 Des objets attirants ! 44

Qu'est-ce que l'électricité statique ? 44
Activité 3.1 Laboratoire 45

Unité 4 Tout un tour de force ! 46

Effet d'une force sur une structure 46
Activité 4.1 Laboratoire 47
Le carnet du scientifique 49

Unité 5 Systèmes et interactions 50

Qu'est-ce qu'un levier ? 50
Activité 5.1 Laboratoire 52
Qu'est-ce qu'une vis ? 53
Des machines plus complexes 54
Le carnet du scientifique 55
À l'essentiel 56
Synthèse de mes découvertes 58

Univers Terre et espace

Quelque part dans la galaxie!

.... 60

Unité 1 Toute une révolution! 61

La révolution de la Terre 61
Les phases de la Lune 62
Activité 1.1 Laboratoire 65
Le carnet du scientifique 67

Unité 2 Éclipse 68

Qu'est-ce qu'une éclipse? 68
Le carnet du scientifique 71

Unité 3 Une ourse nous indique le pôle Nord 72

La galaxie 72
Activité 3.1 Laboratoire 75
Le carnet du scientifique 76

Unité 4 Des instruments qui ont changé notre vie 77

Les sismographes 77
Les instruments des astronomes 78

Le carnet du scientifique 81
À l'essentiel 82
Synthèse de mes découvertes 84

La structure du cahier d'apprentissage

La collection **Bizz!** permet de planifier avec une grande souplesse l'apprentissage de la science et de la technologie au 2e cycle du primaire. Elle amène les élèves à consolider leurs apprentissages et à approfondir leurs connaissances en science et en technologie. Elle couvre l'ensemble des contenus théoriques ciblés par le *Programme de formation*.

De plus, le cahier présente, entre autres, des notions théoriques, des activités d'apprentissage variées et des activités de laboratoire.

Le cahier d'apprentissage comprend trois univers :

Chaque univers est divisé en unités et présente les rubriques suivantes.

Les unités

Chaque unité débute par un titre significatif en lien avec la notion théorique abordée et est suivie d'une courte mise en situation. Chaque unité est associée à une ou plusieurs connaissances ciblées par le programme de science et technologie.

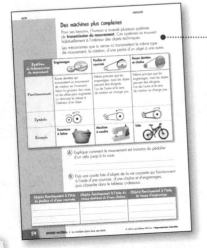

Les notions théoriques

Des notions théoriques complètes et détaillées sont présentées au fil des pages. On y trouve des documents visuels variés et des astuces favorisant l'apprentissage des sciences et de la technologie.

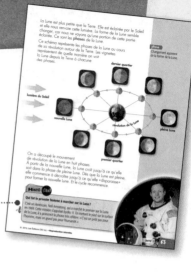

Les capsules
Science Bizz, *Techno Bizz* et *Histo Bizz*

Des capsules présentent des informations complémentaires et captivantes en lien avec certaines notions abordées dans l'unité. ....

Les activités de laboratoire et d'observation

Ces activités sont présentées dans un encadré. Elles sont généralement associées aux démarches scientifiques.

Les mots difficiles ....

Les mots ou expressions difficiles sont définis dans la marge. Ils sont écrits en gras bleu dans le texte.

Le carnet du scientifique

À la fin de chaque unité, on propose des exercices variés qui permettent aux élèves de vérifier, de structurer et de consolider leur compréhension des notions théoriques abordées.

À l'essentiel ....

À la fin de chaque univers, on présente un résumé des principales notions théoriques abordées.

Synthèse de mes découvertes

Cette rubrique propose des exercices de synthèse permettant aux élèves de consolider leur apprentissage, et ce, pour l'ensemble de l'univers.

Voyage au cœur du vivant

Univers vivant

Organisation du vivant
- Classer les êtres vivants selon leur règne
- Répertorier les animaux selon leur classe
- Fonction sensorielle de différentes parties de l'anatomie

Caractéristiques du vivant
- Modes de développement de l'embryon

Transformations du vivant
- Stades de croissance de différents animaux

Énergie
- Besoins alimentaires communs
- Chaîne alimentaire

Systèmes et interactions
- Adaptations des animaux pour augmenter leurs chances de survie

Une organisation qui a de la classe !

Le règne animal est celui qui regroupe le plus grand nombre d'espèces. On connaît environ 1 500 000 espèces animales. Comment classer tous ces animaux?

La classification des animaux

Les scientifiques ont classé les animaux en fonction des éléments qu'ils ont en commun. Ils ont créé deux grands groupes.

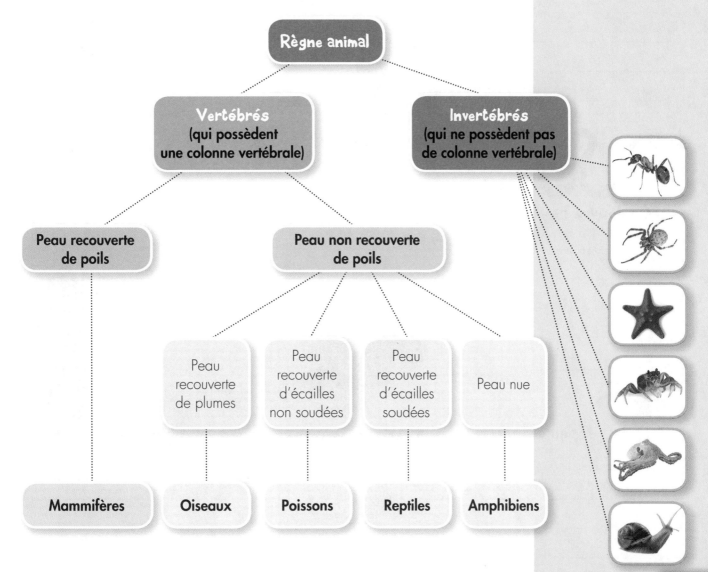

Règne animal

Vertébrés (qui possèdent une colonne vertébrale)

Invertébrés (qui ne possèdent pas de colonne vertébrale)

Peau recouverte de poils

Peau non recouverte de poils

Peau recouverte de plumes

Peau recouverte d'écailles non soudées

Peau recouverte d'écailles soudées

Peau nue

Mammifères   Oiseaux   Poissons   Reptiles   Amphibiens

A Observe les photos de ces êtres vivants. Tous appartiennent au règne animal. Cependant, ils n'appartiennent pas tous à la même classe. Trouve trois caractéristiques physiques visibles chez chacun (nombre de pattes, type de peau, présence ou absence de colonne vertébrale).

Saumon

Éléphant

Hibou

_____

_____

_____

Fourmi

Rainette

Couleuvre rayée

Épeire

Tortue terrestre

Humain

B Place les animaux de l'exercice **A** dans l'organigramme.
Ajoute un être vivant à chaque classe des vertébrés.

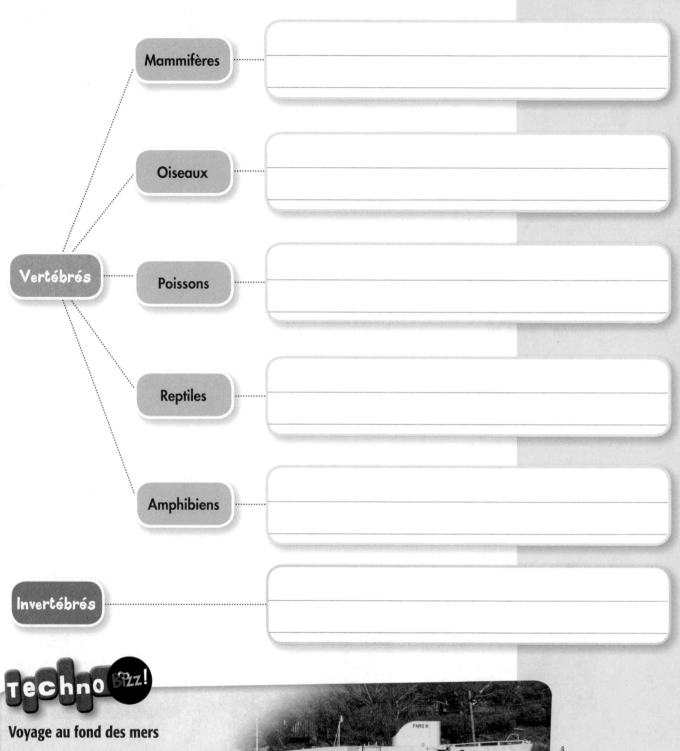

Mammifères

Oiseaux

Vertébrés — Poissons

Reptiles

Amphibiens

Invertébrés

techno Bizz!

Voyage au fond des mers

En 1948, le Suisse Auguste Piccard a mis
au point le premier bathyscaphe.
Ce petit sous-marin peut atteindre
de grandes profondeurs. Il est utilisé
pour étudier la faune et la flore
des fonds marins.

FNRS III

LE CARNET du SCIENTIFIQUE

1 Encercle la classe à laquelle appartient chacun des vertébrés suivants.

Manchot		mammifères	oiseaux	poissons	reptiles	amphibiens
Requin		mammifères	oiseaux	poissons	reptiles	amphibiens
Dauphin		mammifères	oiseaux	poissons	reptiles	amphibiens
Varan		mammifères	oiseaux	poissons	reptiles	amphibiens
Chat		mammifères	oiseaux	poissons	reptiles	amphibiens
Crapaud		mammifères	oiseaux	poissons	reptiles	amphibiens
Salamandre		mammifères	oiseaux	poissons	reptiles	amphibiens

2 Observe les écailles suivantes. Appartiennent-elles à un reptile ou à un poisson ? Pourquoi ?

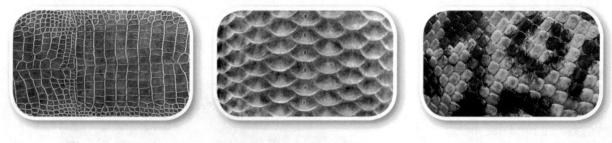

_____

_____

3 Une huître est-elle un vertébré ou un invertébré ? Pourquoi ?

La reproduction chez les animaux

Au printemps, la nature renaît. Les fleurs poussent, les bourgeons s'ouvrent grâce à la chaleur du soleil et les petits naissent. Comment les animaux se reproduisent-ils?

La reproduction sexuée

Le principal mode de reproduction des animaux est la reproduction sexuée. Il faut donc l'union d'une cellule mâle, le **spermatozoïde**, et d'une cellule femelle, l'**ovule**, pour qu'il y ait fécondation.

La fécondation peut se faire à l'extérieur de la femelle. C'est le cas, par exemple, chez la majorité des poissons et des amphibiens. La femelle pond ses œufs dans un milieu humide et le mâle dépose ses spermatozoïdes sur les œufs.

La fécondation peut aussi se faire à l'intérieur de la femelle. Le spermatozoïde féconde l'ovule à l'intérieur du système reproducteur de la femelle. C'est le cas chez les reptiles, les mammifères et les oiseaux.

Grenouille et sa ponte

SCieNCe Bizz!

Une histoire de sexe

Chez certains animaux, c'est le mâle qui s'occupe de la protection des petits jusqu'à leur éclosion. Ainsi, chez l'hippocampe, la femelle dépose ses œufs dans la poche ventrale du mâle.

D'autres animaux, comme le mérou, peuvent changer de sexe au cours de leur existence. Au bout de 5 à 12 ans de vie en tant que femelle, s'il n'y a pas de mâle dominant dans son entourage, le mérou femelle change de sexe. Le même phénomène peut se produire chez les huîtres et chez certaines tortues d'eau douce.

Le développement de l'embryon

Le développement de l'**embryon** peut se faire à l'intérieur ou à l'extérieur de la femelle.

Selon le mode de développement de l'embryon, on distingue trois catégories d'animaux.

embryon
Organisme en développement, de la fécondation à la naissance.

Le cheval est vivipare.

❶

Les animaux **vivipares** mettent au monde des petits complètement formés. Une fois fécondés, les ovules se développent dans le ventre de la mère. L'embryon est relié à la mère. La femelle lui fournit tout ce dont il a besoin pour se développer.

La plupart des mammifères sont vivipares.

❷

Les animaux **ovipares** pondent des **œufs**. Les petits se développent dans l'œuf, en dehors du corps de la mère. Tout ce qui est nécessaire au développement de l'embryon est contenu dans l'œuf. Dans certains cas, un des parents ou les deux couvent l'œuf et le protègent. Dans d'autres cas, les œufs sont laissés à eux-mêmes.

C'est le mode de développement principal des amphibiens, des poissons, des oiseaux et des reptiles.

Le guillemot est ovipare.

Le requin taureau est ovovivipare.

❸

Les animaux **ovovivipares** se reproduisent par des **œufs** comme les ovipares. Cependant, la femelle conserve ces œufs à l'intérieur de son corps jusqu'à ce qu'ils éclosent. Elle donne ensuite naissance à des petits complètement formés.

Ce mode de reproduction est rare. Certains reptiles et quelques poissons sont ovovivipares.

Ⓐ Nomme trois animaux vivipares.

_____

Ⓑ Nomme trois animaux ovipares.

_____

UNIVERS VIVANT • Voyage au cœur du vivant   © 2013, Les Éditions CEC inc. • **Reproduction interdite**

C Cet animal australien est un échidné. Aide-toi d'Internet pour trouver le mode de reproduction de ce mammifère.

La transformation du vivant

Quand un mammifère naît, le petit ne ressemble pas à l'adulte. Une souris, par exemple, naît sans poils et aveugle. Elle subira plusieurs changements avant de devenir adulte. En est-il ainsi de tous les animaux ?

Stades de développement des mammifères

Chez les mammifères, le développement suit plusieurs phases.

Il y a tout d'abord l'**accouplement**. Les cellules reproductrices mâles, les spermatozoïdes, fécondent l'ovule de la femelle.

❶

❷ Quand l'ovule est fécondé, c'est la période de **gestation**. L'embryon grossit à l'intérieur de la femelle.

❸

❹

Chez les mammifères, les petits ne peuvent pas se débrouiller seuls ou se nourrir par eux-mêmes. C'est la période d'**allaitement**, où la femelle nourrit ses petits avec le lait que produisent ses mamelles.

Petit à petit, le jeune animal se détachera de sa mère et deviendra autonome.

La période de gestation n'est pas la même pour tous les mammifères. Quand elle est finie, c'est la **mise bas**. La femelle donne alors naissance à son ou ses petits.

Une drôle de bête...

L'ornithorynque est une drôle de bête qui présente un mélange de caractéristiques des reptiles et des mammifères. On dirait un assemblage de plusieurs animaux : bec de canard, queue de castor et corps de loutre. Il fait partie d'un petit ordre de mammifères ovipares, les **monotrèmes**. Comme il allaite ses petits, il est classé parmi les mammifères. C'est le seul mammifère à posséder des aiguillons venimeux aux pattes arrière.

Mammifère	Durée approximative de gestation en jours
Être humain	270
Chat	60
Hamster	20
Béluga	420
Lynx du Canada	62
Élan d'Amérique	243
Couguar de l'Est	93
Carcajou	240

A Le tableau ci-contre indique le nombre de jours de gestation de différents mammifères vivipares. Construis un diagramme à bandes à l'aide des données.

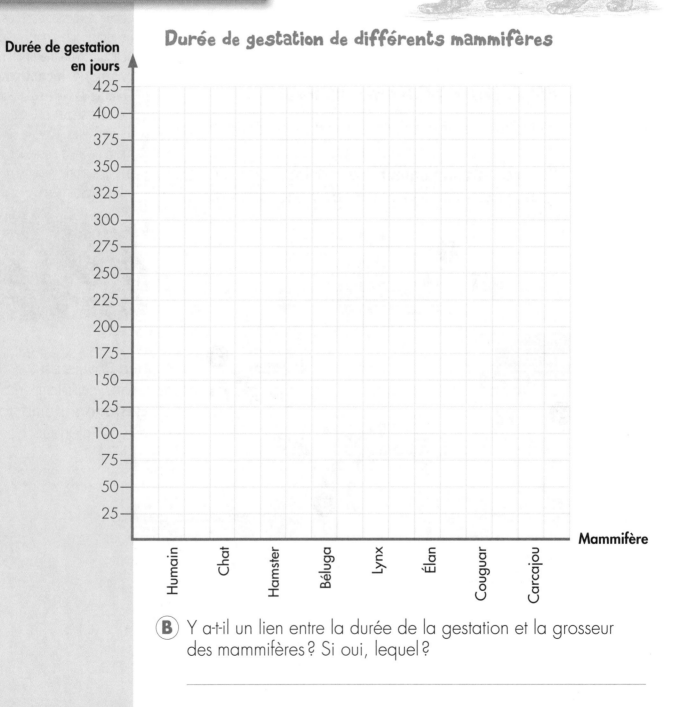

Durée de gestation de différents mammifères

Durée de gestation en jours

425 — 400 — 375 — 350 — 325 — 300 — 275 — 250 — 225 — 200 — 175 — 150 — 125 — 100 — 75 — 50 — 25 —

Mammifère

Humain Chat Hamster Béluga Lynx Élan Couguar Carcajou

B Y a-t-il un lien entre la durée de la gestation et la grosseur des mammifères? Si oui, lequel?

_____

_____

Stades de développement des oiseaux

Les spermatozoïdes du coq essayeront de féconder les ovules de la poule.

En plus de pondre des œufs, la poule les couve afin de les maintenir bien au chaud.

❶

❷

❹

❸

Une fois le poussin éclos, il demeure avec sa mère qui le protège et l'aide à trouver sa nourriture.

Lorsque le poussin est suffisamment bien développé et prêt à sortir, il brise sa coquille à l'aide de son bec.

Ⓒ Chez une poule, dès que l'œuf fécondé est pondu, l'embryon a-t-il besoin de sa mère pour le nourrir ? Pourquoi ?

_____

_____

_____

LE CARNET du SCIENTIFIQUE

Qui suis-je ?

Horizontalement

1 Je suis un amphibien ovipare.

2 Phénomène par lequel une espèce se reproduit.

3 Dans ma catégorie, les petits naissent complètement formés.

4 Certains des membres de ma classe se développent dans des œufs à l'extérieur du ventre de leur mère, d'autres dans des œufs dans le ventre de leur mère.

Verticalement

5 Je suis la cellule reproductrice mâle.

6 C'est le mode de reproduction le plus rare.

7 Mes petits se développent dans des œufs, mais je suis un poisson qui donne naissance à des petits complètement formés.

8 Dans ma catégorie, les petits naissent après avoir brisé la coquille de leur œuf.

9 Tous les membres de ma classe ont la peau recouverte de plumes.

Des organes qui ont du sens

Le cerveau est le centre de contrôle de notre corps. C'est à lui que les organes sensoriels envoient l'information recueillie. Le cerveau traite l'information sur l'environnement. De quels organes provient cette information ?

La peau et le toucher

La **peau** est le plus grand organe de notre corps. Elle a d'abord une fonction de **protection**. Par exemple, elle protège l'organisme des microbes, des rayons solaires nocifs et des agressions mécaniques (éraflures, brûlures, etc.).

Ensuite, elle aide à **garder le corps à une température constante**, que ce soit par l'évaporation de la sueur ou par la contraction de certains vaisseaux sanguins.

Finalement, elle perçoit l'information en provenance de l'environnement grâce aux cinq sensations du **toucher** : le contact, la pression, la douleur, le chaud et le froid. À l'aide du système nerveux, cette information est acheminée au cerveau.

gustatives
Qui ont un lien avec le goût.

La langue et le goût

La surface de la **langue** est couverte de petites bosses. Ce sont les papilles **gustatives**. Ces papilles sont reliées à des nerfs qui transmettent les signaux à ton cerveau pour te permettre de goûter les différentes saveurs des aliments.

Il y a 5 saveurs de base : le **sucré**, le **salé**, l'**acide**, l'**amer** et l'**umami**. Cette dernière saveur, qui signifie « goût délicieux » en japonais, se trouve dans les plats plutôt salés. Certains champignons chinois présentent une partie de cette saveur.

Les molécules des aliments doivent se dissoudre dans la **salive** pour que les papilles puissent les goûter.

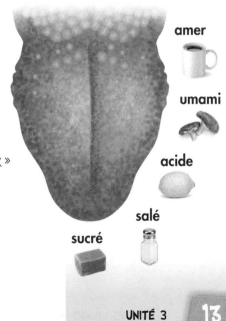

amer

umami

acide

salé

sucré

Activité 3.1 LABORATOIRE

Une expérience de bon goût

But ➡ Déterminer si certaines régions de la langue détectent les différentes saveurs.

Mon hypothèse _____

_____

Manipulations

1. Regarde ta langue dans un miroir. Trempe un coton-tige dans une solution et passe-le partout sur ta langue, lentement. Indique sur le schéma l'endroit où tu goûtes la solution, ainsi que le type de solution. Change de coton-tige pour chaque solution.

2. Refais l'expérience en bouchant ton nez avant de passer le coton-tige sur ta langue. Qu'observes-tu ?

3. Refais l'expérience en prenant bien soin d'assécher ta langue avec un mouchoir avant chaque essai de goût. Qu'observes-tu ?

Matériel

- 4 verres d'eau dans lesquels tu auras mis :
  - 1 cuillerée à soupe de sel
  - 1 cuillerée à soupe de sucre
  - 1 cuillerée à soupe de café instantané
  - 1 cuillerée à soupe de vinaigre ou de jus de citron
- 4 cotons-tiges
- Un miroir

Mes observations et mes résultats

1. _____

_____

2. _____

_____

3. _____

_____

Mon analyse et ma conclusion

_____

_____

Le nez et l'odorat

Le **nez** capte les odeurs transmises dans l'air. Quand on inspire par le nez, l'air transporte les substances chimiques à l'origine de l'odeur jusqu'au bulbe olfactif. C'est la voie normale pour sentir les odeurs (trajet jaune sur le schéma). Tu remarques que la cavité nasale communique avec l'arrière de la bouche. C'est pour cela qu'on a parfois l'impression de «goûter» une odeur (trajet vert sur le schéma).

Le goût et l'odorat fonctionnent de pair : le goût en amplifiant l'odeur d'une substance et l'odorat en amplifiant le goût !

bulbe olfactif (récepteur)

fosses nasales

palais

langue

Olfaction normale

Rétro-olfaction

(A) Si tu as un rhume et que tu as le nez bouché, que se passe-t-il lorsque tu manges un aliment?

_____

_____

L'œil et la vue

L'**œil** est l'organe de la vue. C'est l'iris qui contrôle l'ouverture de la pupille pour laisser entrer plus ou moins de lumière dans l'œil. Le cristallin agit comme une lentille pour concentrer cette lumière sur la rétine. C'est là que se forme l'image, inversée. Le nerf optique transmet alors l'image au cerveau pour qu'il la redresse.

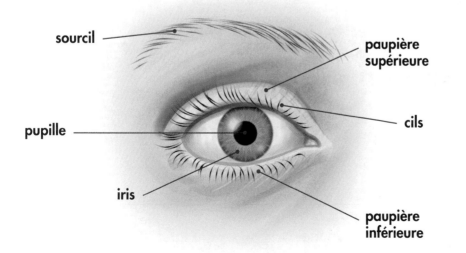

sourcil

paupière supérieure

cils

pupille

iris

paupière inférieure

C'est grâce au fait que nous avons deux yeux que nous pouvons voir en trois dimensions. La vue est le sens que nous utilisons le plus, suivi de l'ouïe.

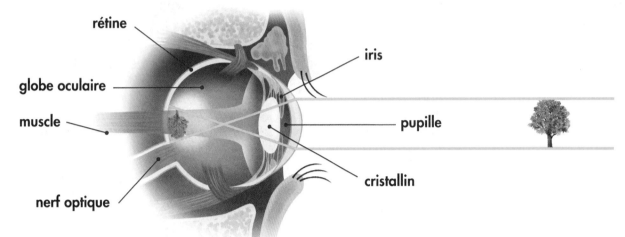

L'oreille et l'ouïe

L'**oreille** est l'organe qui permet de percevoir les sons. Elle est séparée en trois sections :

L'oreille externe

Les vibrations que sont les ondes sonores pénètrent par le **pavillon**. Ces ondes traversent l'oreille externe par le conduit auditif, jusqu'au **tympan**.

L'oreille moyenne

Le tympan vibre et transmet ces vibrations aux **osselets** (le marteau, l'enclume et l'étrier). Les osselets amplifient les vibrations et les transmettent à l'oreille interne.

L'oreille interne

Les ondes sonores sont transformées dans la **cochlée** en informations électriques que le cerveau peut décoder. Ces ondes électriques sont transmises au cerveau par le **nerf auditif**.

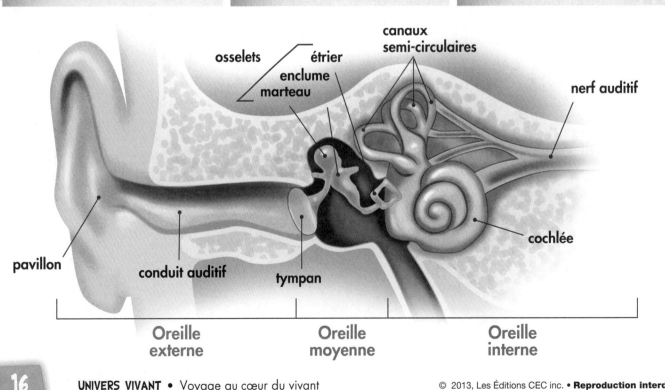

LE CARNET du SCIENTIFIQUE

1 Indique les trois fonctions principales de la peau.

_____

2 Nomme deux sens qui fonctionnent bien ensemble.

_____

3 Vrai ou faux?

a) Si tu as le nez bouché, tu n'auras aucun problème à goûter les aliments.

_____

b) Le goût des aliments parvient au cerveau par des nerfs reliés aux papilles gustatives. _____

c) Le tympan transmet les sons au nerf auditif. _____

d) La lumière entre par la pupille, puis passe par le cristallin pour aller frapper la rétine. _____

4 L'oreille ne sert pas qu'à entendre. Les canaux semi-circulaires jouent un autre rôle très important. Peux-tu le découvrir? Lève-toi, tourne sur toi-même en comptant jusqu'à 10 et arrête brusquement.

a) Que se passe-t-il?

_____

_____

_____

b) Quel est donc l'autre rôle de l'oreille?

_____

_____

_____

Ces pattes sont faites (pas seulement) pour marcher !

Les animaux se déplacent de différentes façons, que ce soit pour trouver leur nourriture, gagner un abri ou inspecter leur territoire. Quels sont leurs différents moyens de locomotion ?

La marche

quadrupède
À quatre pattes.

Voici un moyen de locomotion que tu connais bien, puisque c'est celui de l'humain et de la plupart des mammifères **quadrupèdes**. Les oiseaux aussi effectuent une partie de leurs déplacements en marchant. La marche se fait en avançant une patte après l'autre.

Ⓐ Nomme quatre animaux qui avancent en marchant.

_____

_____

SCieNCe Bizz!

Il marche sur l'eau !

Quand on pense à la marche, on s'imagine que cela ne se fait que sur une surface solide. Erreur ! Grâce à ses longues pattes arrière et à ses grands pieds palmés, le basilic à plumes est capable de courir sur l'eau sur une courte distance.

La reptation

Ce genre de déplacement se fait sans l'aide de membres. La totalité de la partie du corps en contact avec le sol sert de point d'appui. En ondulant son corps, le serpent avance en rampant.

Le saut

Le saut peut être un moyen occasionnel de déplacement ou le seul.

Ⓐ Nomme quatre animaux qui avancent en sautant.

_____

_____

Le vol

Quand on pense à ce moyen de locomotion, qui nécessite des ailes, on pense tout de suite aux oiseaux.

A Peux-tu nommer un mammifère qui vole?

_____

En plus de leurs ailes, qui leur permettent de voler, les oiseaux ont des pattes qui remplissent certaines fonctions bien précises.

Patte d'un rapace

Les doigts pourvus de serres permettent à la buse d'attraper sa proie et de la maintenir. Tous les rapaces possèdent ce type de pattes.

Patte d'un grimpeur

Deux doigts devant et deux doigts derrière permettent au grimpereau de s'agripper au tronc et d'y grimper facilement.

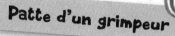

Patte d'un nageur

Des pattes palmées permettent au huart de se déplacer efficacement dans l'eau.

Patte d'un passereau

Trois doigts devant et un doigt derrière : cela permet à la mésange de se percher sur une branche.

Patte d'un marcheur

Trois longs doigts devant et un petit doigt derrière. Voici ce qui permet aux pigeons de marcher facilement.

science Bizz!

Il n'a pas d'ailes, mais il «vole»!

Le polatouche, ou écureuil volant, est un animal nocturne qui, grâce à la peau située de chaque côté de son corps, peut planer d'arbre en arbre.

LE CARNET DU SCIENTIFIQUE

1 Relie la patte à l'oiseau.

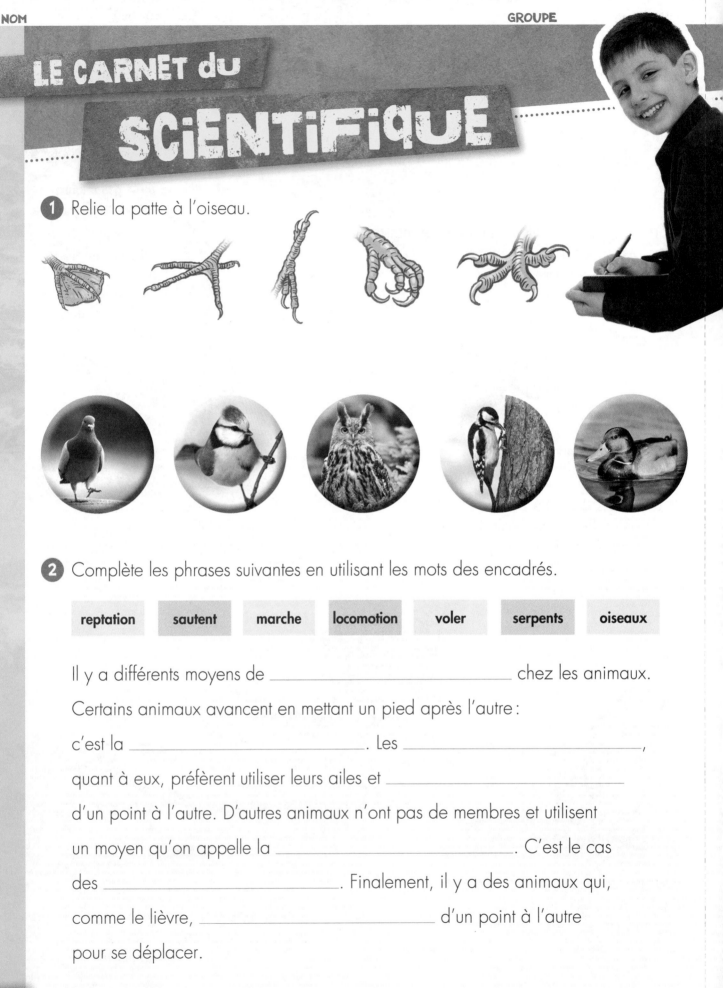

2 Complète les phrases suivantes en utilisant les mots des encadrés.

| reptation | sautent | marche | locomotion | voler | serpents | oiseaux |

Il y a différents moyens de _____ chez les animaux.

Certains animaux avancent en mettant un pied après l'autre :

c'est la _____. Les _____,

quant à eux, préfèrent utiliser leurs ailes et _____

d'un point à l'autre. D'autres animaux n'ont pas de membres et utilisent

un moyen qu'on appelle la _____. C'est le cas

des _____. Finalement, il y a des animaux qui,

comme le lièvre, _____ d'un point à l'autre

pour se déplacer.

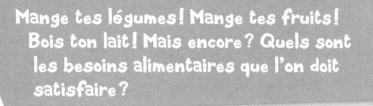

Faire le plein

Mange tes légumes! Mange tes fruits! Bois ton lait! Mais encore? Quels sont les besoins alimentaires que l'on doit satisfaire?

Les essentiels

L'eau

L'eau est une substance essentielle au corps humain. Chez un enfant, l'eau représente environ 70% de sa masse. Le cerveau est composé aux trois quarts d'eau. Il faut donc en boire régulièrement pour s'hydrater et permettre au cerveau de bien fonctionner.

Les lipides

On les appelle aussi « matières grasses ». Ce sont les matières les plus riches en énergie. Elles servent à la formation des cellules et des hormones.

Les protides

Les protides sont en fait des *protéines*. Les protides ont plusieurs fonctions, notamment entretenir et renouveler les tissus. Elles favorisent aussi la croissance de l'organisme.

PROTIDES

LIPIDES

GLUCIDES

Les glucides

On les appelle aussi « sucres ». Ils fournissent l'énergie nécessaire au corps pour maintenir sa température et pour fonctionner.

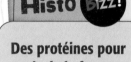

HistO Bizz!

Des protéines pour avoir de la force

Vers 1825, le physiologiste français François Magendie montre que des chiens qui ne consomment que des sucres et des graisses s'affaiblissent. Il leur faut des aliments qui viennent d'un autre groupe, qu'on appellera plus tard « le groupe des protéines ».

Les vitamines

Ce sont des substances essentielles au bon fonctionnement de l'organisme. Notre corps ne peut pas les fabriquer. On les trouve naturellement dans une variété d'aliments d'origine animale ou végétale. Les principales vitamines sont les vitamines A, B, C, D, E et K.

Les minéraux

Ils sont présents dans les aliments sous la forme de substances dissoutes dans l'eau et appelées « sels minéraux ». On les trouve dans les aliments tant d'origine animale que végétale. Les principaux sels minéraux sont composés de calcium, de chlore, de fer, de fluor, d'iode, de magnésium, de phosphore, de potassium, de sodium et de zinc.

(A) Quelles substances doivent représenter la plus grande partie de l'alimentation ?

_____

(B) Quel est le seul liquide dont on a absolument besoin ?

_____

La chaîne alimentaire

Herbivore, carnivore, insectivore… Tous les animaux doivent manger pour vivre et pour trouver tous les nutriments dont ils ont besoin. Qui mange qui dans cette grande chaîne de la vie ?

Dans la chaîne alimentaire, les plantes vertes sont les **producteurs**. Elles ont la capacité de capter l'énergie solaire et de l'utiliser pour produire leur propre nourriture. Une partie de l'énergie contenue dans les végétaux est transmise aux **herbivores**, qui sont des **consommateurs**. Ces **herbivores** sont quelquefois mangés par des **carnivores**, qui sont aussi des **consommateurs**.

Voici ce à quoi peut ressembler une petite chaîne alimentaire.

| | Signifie : |
| --- | est mangé par |

(A) Qui est le producteur ? _____

(B) Qui sont les consommateurs ?

_____

LE CARNET du SCIENTIFIQUE

1 Observe le diagramme circulaire de la page 21.

   a) Nomme deux aliments qui sont une bonne source de lipides.

   _____

   b) Nomme deux aliments qui sont une bonne source de glucides.

   _____

   c) Nomme deux aliments qui sont une bonne source de protides.

   _____

2 Voici une chaîne alimentaire. Trace les flèches indiquant « est mangé par ».

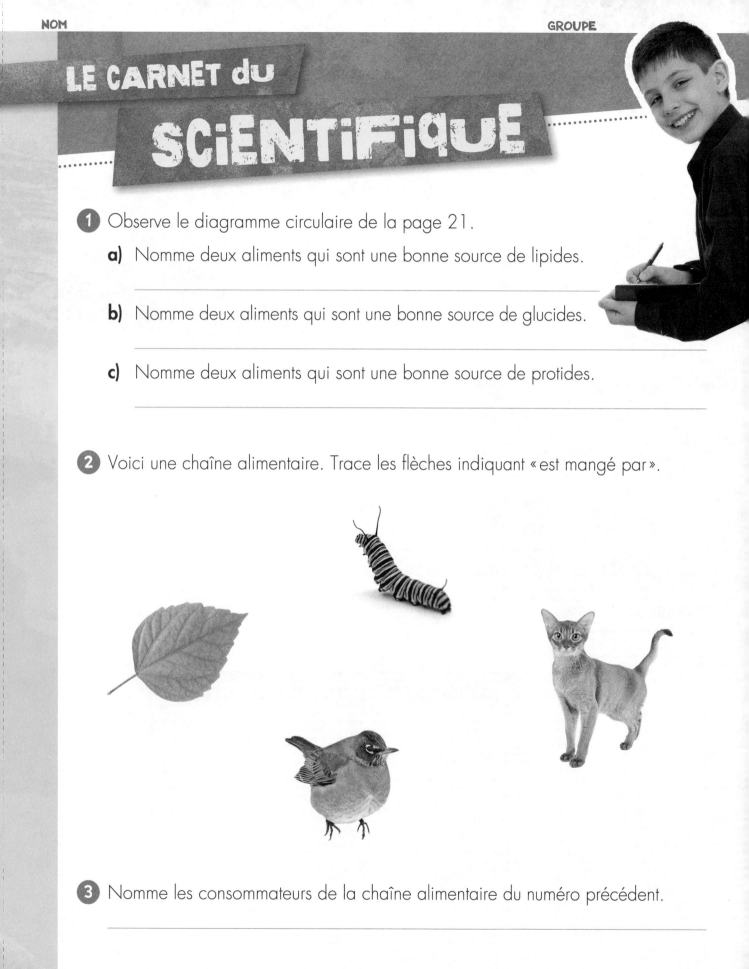

3 Nomme les consommateurs de la chaîne alimentaire du numéro précédent.

   _____

Un jeu de cache-cache

Pendant la journée, une multitude d'animaux se cachent en forêt. Tu peux parfois passer à côté de l'un d'eux sans même le remarquer. Comment est-ce possible?

Podarges gris dans un arbre en Australie

Des champions du camouflage

Grâce à leurs couleurs, certains animaux peuvent demeurer invisibles. Ils sont à l'abri de leurs prédateurs… ou ils se cachent jusqu'à ce que ce soit le moment de fondre sur leurs proies.

Le **camouflage** est une façon, pour un organisme, de passer inaperçu. Les rayures d'un tigre lui permettent de se cacher dans les hautes herbes de la savane, le plumage d'une chouette lui permet de se cacher le long du tronc d'un arbre pendant la journée et un faon se fond dans les sous-bois grâce à son pelage.

L'hiver, certains animaux, comme ce lièvre arctique, revêtent leur pelage d'hiver. Sur la neige, leur pelage blanc les rend plus difficiles à repérer pour les prédateurs.

Certains animaux vont plutôt imiter une autre espèce pour duper les prédateurs. On parle alors de **mimétisme**. Par exemple, comme le papillon monarque a très mauvais goût pour les oiseaux, ces derniers ne le mangent pas. Le papillon vice-roi ressemble à s'y méprendre au monarque : en imitant un papillon qui a mauvais goût, il augmente ses chances de rester en vie !

Le monarque (à gauche) et le vice-roi se ressemblent.

Hist0 Bizz!

Mimétisme batésien

C'est le naturaliste anglais Henry Bates qui a émis l'idée, en 1861, que des animaux inoffensifs avaient évolué de telle sorte qu'ils ressemblent à des animaux dangereux.

D'autres papillons reproduisent sur leurs ailes des taches qui ressemblent à de gros yeux : cela effraie les prédateurs !

Papillon-chouette

Il n'y a pas que des avantages à imiter une autre espèce. Ainsi, la couleuvre faux-corail (à gauche), inoffensive, possède presque les mêmes couleurs que le serpent corail (à droite), qui est venimeux. Comme certaines personnes ne savent pas distinguer les deux espèces, il arrive que des faux-corail soient tuées parce qu'on croyait que c'était des serpents venimeux.

Couleuvre faux-corail

Serpent corail

Activité 6.1
LABORATOIRE

Sauras-tu me trouver?

But ➡ Découvrir si la couleur d'un insecte peut le protéger de ses prédateurs.

Mon hypothèse _____

_____

Manipulations

Cette expérience se fait en deux groupes.

1. Imagine que chaque cure-dent est un insecte qui doit se cacher de ses prédateurs.

2. Délimite un espace de recherche d'environ 5 mètres sur 5 mètres, à l'intérieur ou à l'extérieur.

3. Pendant que le premier groupe ne regarde pas, les membres du deuxième groupe placent les 16 cure-dents colorés à différents endroits de l'espace de recherche choisi.

4. Les membres du deuxième groupe doivent trouver le plus de cure-dents possible en trois minutes.

5. Inversez les rôles et recommencez l'expérience.

> ### Matériel
> - Un chronomètre
> - 16 cure-dents colorés de 8 couleurs différentes (2 par couleur)

Mes observations et mes résultats

1. Quels ont été les cure-dents les plus faciles à trouver? Pourquoi?

_____

2. Quels ont été les cure-dents les plus difficiles à trouver? Pourquoi?

_____

Mon analyse et ma conclusion

_____

_____

_____

_____

Collections avec contenus et caractéristiques numériques

PRIMAIRE	CYCLE	Clé	Web	Narration	Fonction texte	Corrigé	Matériel reproductible	Activités TNI	Exercices interactifs	Hyperliens	Fichiers audio	Capsules vidéo	Animations	Barre d'outils de manipulation	Activités de manipulation
ANGLAIS															
Little Rascal Time	1	✓	✓				OUI				OUI				
The New Clues to English – Student Book	2	✓	✓				OUI				OUI				
New Adventures	2	✓	✓				OUI	OUI			OUI				
All Together	3	✓	✓				OUI	OUI			OUI				
The New Keys to English – Activity Book	3	✓	✓				OUI	OUI	OUI		OUI				
The New Keys to English – Student Book	3	✓	✓				OUI				OUI				
Speak Up!	3	✓	✓				OUI		OUI		OUI				
Yes we can!	3	✓	✓				OUI		OUI						
Reading Break	3	✓	✓	OUI		OUI									
FRANÇAIS															
Tourniquet	1	✓	✓	OUI		OUI	OUI	OUI	OUI	OUI				OUI	
Abracadamots	1	✓	✓	OUI				OUI							
Lire et écrire avec Astuce	1	✓	✓			OUI		OUI							
Ma petite grammaire de 2ᵉ année	1	✓	✓			OUI		OUI							
Vingt mille mots sous les mers, 2ᵉ éd.	2-3	✓	✓			OUI	OUI	OUI	OUI	OUI					
Les trésors de la grammaire, 3ᵉ édition	2-3	✓	✓			OUI		OUI							
Dictionnaire CEC jeunesse, 6ᵉ édition	1-2-3	✓						OUI							
LECTURE															
Histoires d'Astuce interactives	1		✓	OUI									OUI		
Les petits espions	1	✓	✓	OUI	OUI		OUI								
Histoires de récré	1	✓	✓	OUI	OUI		OUI								
Histoires de classe	1	✓	✓	OUI	OUI		OUI								
Les minidétectives	1	✓	✓	OUI	OUI		OUI								
Colimaçon	1	✓	✓	OUI	OUI		OUI								
Souriceau	1	✓	✓			OUI	OUI								
Criquet	1	✓	✓			OUI	OUI								
Les apprentis détectives	2	✓	✓				OUI								
L'Histoire sous la loupe	3	✓	✓				OUI								
MATHÉMATIQUE															
Math et Matie, 2ᵉ édition	1	✓	✓	OUI			OUI	OUI	OUI	OUI		OUI	OUI	OUI	OUI
L'âge des Maths	1	✓	✓												
Solo	1	✓				OUI									OUI
Allegro	1	✓	✓												
Adagio	2	✓	✓												
Caméléon, 2ᵉ édition	2-3	✓	✓			OUI	OUI	OUI	OUI	OUI		OUI	OUI	OUI	OUI
Dictionnaire mathématique jeunesse	2-3	✓	✓									OUI			
L'agent math	2-3	✓	✓			OUI									
Presto	3	✓	✓												
SCIENCE TECHNO															
Bizz!	2-3	✓	✓			OUI	OUI				OUI	OUI			
UNIVERS SOCIAL															
Signes des temps	2	✓	✓			OUI	OUI	OUI			OUI				
Au fil des temps	3	✓	✓			OUI	OUI	OUI			OUI				

Le plus grand choix de ressources numériques admissibles aux budgets spéciaux du MELS !

MaZoneCEC, notre nouvelle zone virtuelle multiplateformes, permet d'accéder, avec un seul abonnement, à tout le matériel numérique du CEC de votre choix, sur PC ou Mac et sur les tablettes iPad et Android, même hors-ligne (tablettes)!

Nos ressources numériques permettent aux enseignants:

- de projeter des pages de théorie, des exercices pour le travail en groupe;
- de faire apparaître ou disparaître le corrigé;
- d'agrandir ou de masquer des portions de pages;
- d'annoter des manuels et des cahiers au crayon et au marqueur;
- de sauvegarder des notes pour utilisation future;
- d'accéder aux documents reproductibles et aux liens Internet au fil des pages;
- d'insérer des liens Internet au fil des pages;
- de créer des groupes de partage avec les élèves;
- d'ajouter des documents personnels;
- de corriger à distance les réponses des élèves;
- d'accéder à des fichiers audios (langues secondes);
- d'accéder à des activités interactives pour le TNI (TBI).**

* Pour certaines collections.

Nos ressources numériques permettent aux élèves:

- d'agrandir ou de masquer des portions de pages;
- d'annoter des manuels et des cahiers au crayon et au marqueur;
- d'insérer des liens Internet au fil des pages;
- de sauvegarder des notes pour utilisation future;
- d'ajouter des réponses à l'aide du clavier.

Certaines collections offrent encore plus de contenu numérique aux enseignants et aux élèves:

- banque d'exercices interactifs;
- hyperliens pertinents;
- vidéos;
- animations;
- générateur d'activités de manipulation;
- narration de textes (livrets de lecture seulement);
- faire apparaître ou disparaître le texte (livrets de lecture seulement).

Mesures du MELS 50680 - 50733

Ces mesures visent l'acquisition des technologies nécessaires pour rendre l'enseignement primaire et secondaire interactif. Elles permettent d'équiper les classes d'un tableau blanc interactif (TNI)... et d'offrir à chaque enseignant un ordinateur portable. Elles permettent également l'acquisition de ressources didactiques numériques afin d'accroître graduellement les possibilités d'utilisation de cette technologie.

Aucune offre numérique ne vous donne autant de choix!

LE CARNET du SCIENTIFIQUE

1 Comment le camouflage peut-il être utile aux prédateurs? Donne un exemple.

_____

_____

2 Voici le dragon des mers feuillu. Observe-le bien.
Où crois-tu qu'il se sent le plus en sécurité?

_____

_____

_____

3 Voici un phasme.

   a) À quoi ressemble-t-il?

_____

_____

   b) Où doit-il se poser s'il veut passer inaperçu?

_____

_____

4 Nomme un désavantage du mimétisme.

_____

_____

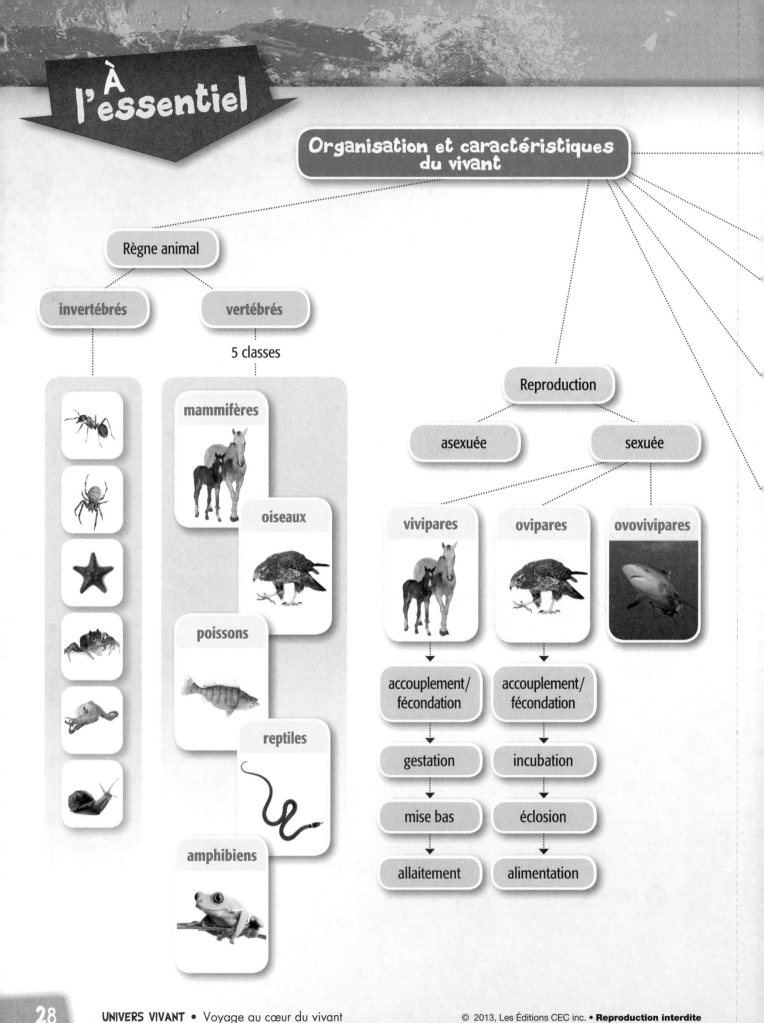

Organisation et caractéristiques du vivant

Règne animal

- invertébrés
- vertébrés

5 classes

mammifères

oiseaux

poissons

reptiles

amphibiens

Reproduction

- asexuée
- sexuée

vivipares

accouplement/fécondation

↓

gestation

↓

mise bas

↓

allaitement

ovipares

accouplement/fécondation

↓

incubation

↓

éclosion

↓

alimentation

ovovivipares

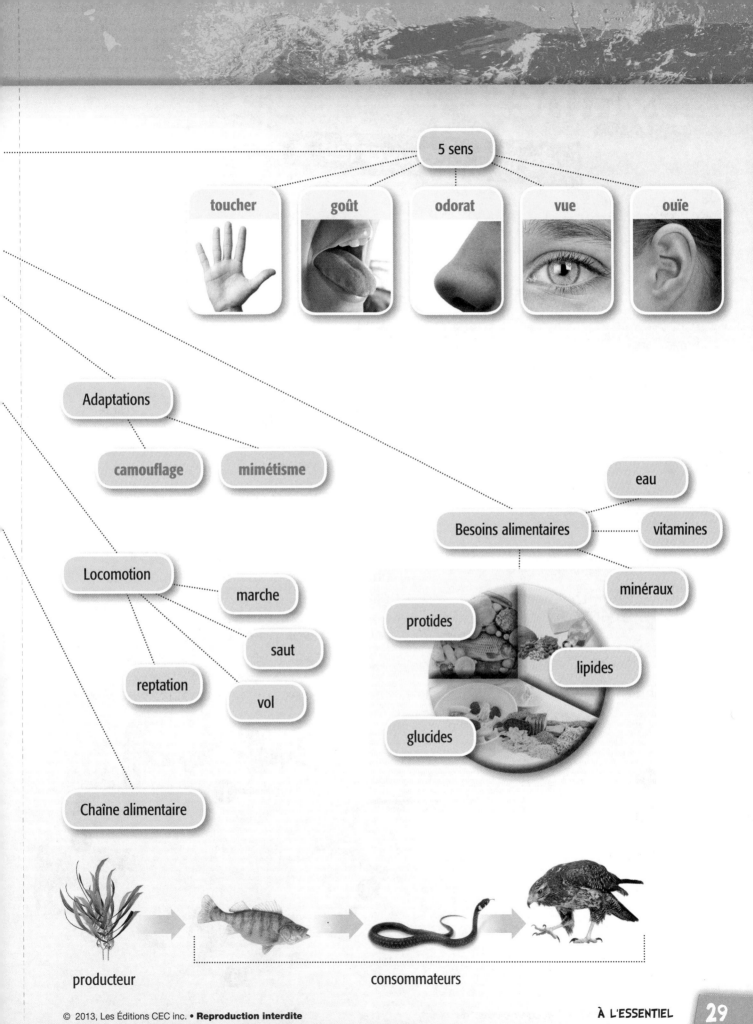

5 sens

toucher   goût   odorat   vue   ouïe

Adaptations

camouflage   mimétisme

eau

Besoins alimentaires   vitamines

minéraux

Locomotion   marche

protides

saut

lipides

reptation   vol

glucides

Chaîne alimentaire

producteur   consommateurs

Synthèse
de mes découvertes

1 Remplis ce tableau :

Mammifères		Poissons		
	Merle		Couleuvre rayée	Triton

2 Relie la définition à son nom.

Ovovivipare

Ovipare

Vivipare

• Je donne naissance à des petits complètement développés.

• Mes petits se développent dans des œufs à l'intérieur de mon corps, mais je mets bas des petits complètement développés.

• Mes petits se développent dans des œufs.

3 Indique sur cette image les quatre stades de développement des mammifères.

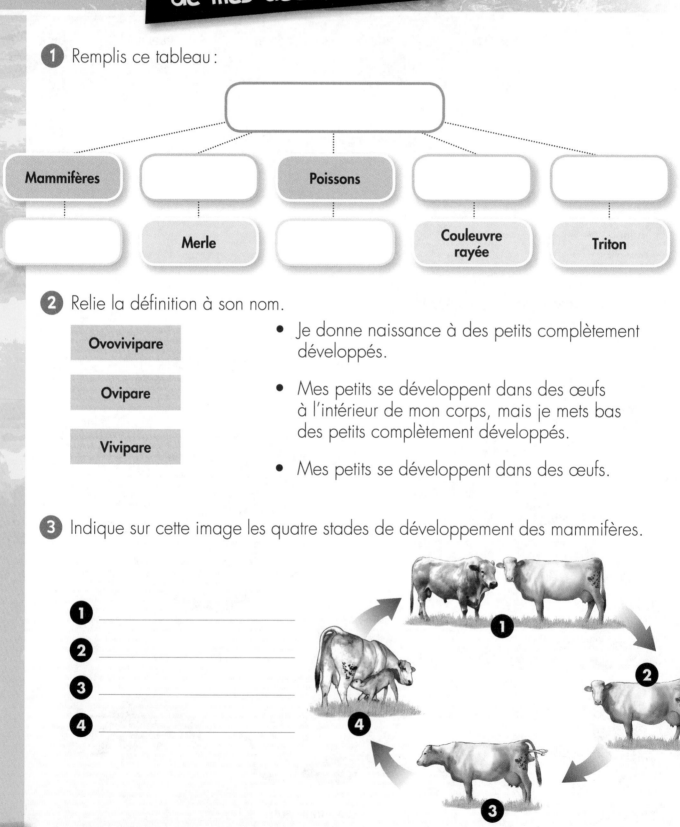

1 _____

2 _____

3 _____

4 _____

4 Quelles sont les cinq saveurs que l'on peut goûter avec la langue ?

_____

5 Nomme les cinq organes des sens.

Vue : _____   Goût : _____

Toucher : _____   Odorat : _____

Ouïe : _____

6 Indique le mode de locomotion :

a) du serpent : _____   **c)** de la chauve-souris : _____

b) du kangourou : _____   **d)** du caribou : _____

7 Un oiseau ayant ces pattes peut-il se déplacer sur l'eau ? Pourquoi ?

_____

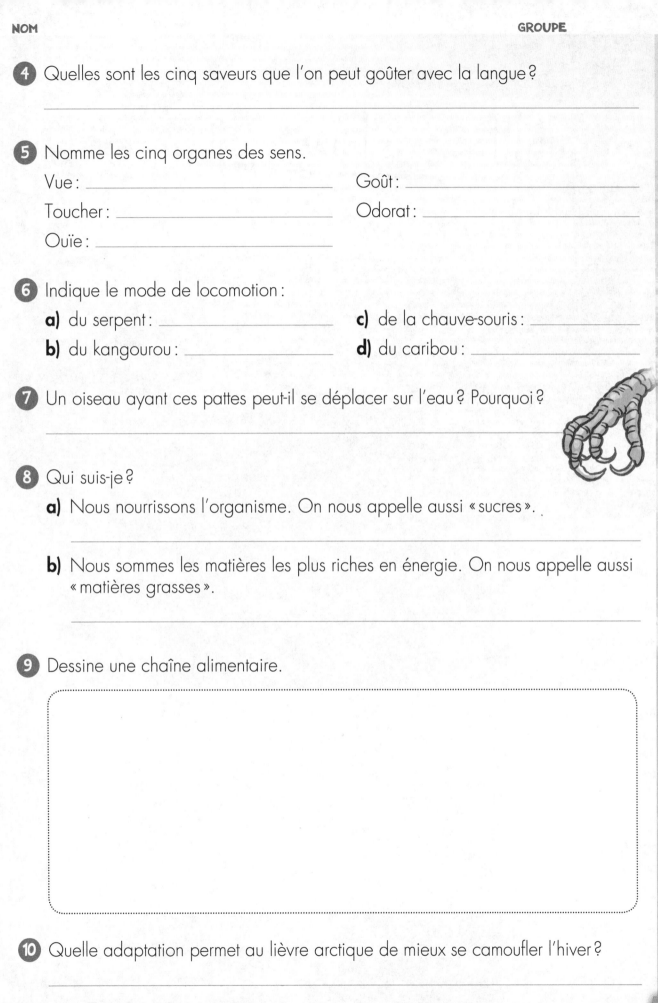

8 Qui suis-je ?

a) Nous nourrissons l'organisme. On nous appelle aussi « sucres ».

_____

b) Nous sommes les matières les plus riches en énergie. On nous appelle aussi « matières grasses ».

_____

9 Dessine une chaîne alimentaire.

10 Quelle adaptation permet au lièvre arctique de mieux se camoufler l'hiver ?

_____

La matière dans tous ses états

Univers matériel

Matière

- Masse et poids
- Masse volumique

Énergie

- Différentes formes d'énergie
- Caractéristiques d'une onde sonore
- Consommation d'énergie

Forces et mouvements

- Électricité statique
- Structures

Systèmes et interactions

- Levier
- Vis
- Machines complexes

Matière à réflexion

Tu as certainement déjà vu des images d'astronautes sautant à la surface de la Lune comme s'ils étaient légers. Sont-ils moins lourds dans l'espace ?

Attention ! Ta masse n'est pas ton poids

La **masse** représente une quantité de matière contenue dans un objet. Elle ne varie jamais, peu importe où l'on se trouve dans l'espace.

La masse se mesure à l'aide d'une balance et s'exprime le plus souvent en kilogrammes (kg). Peu importe où il se trouve dans l'espace, ton corps a toujours la même masse.

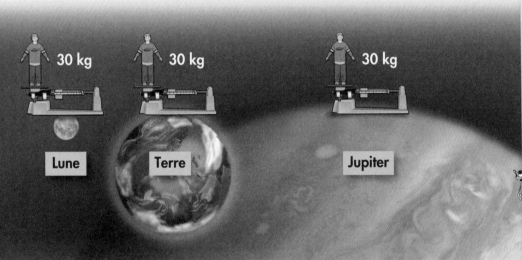

Lune — 30 kg Terre — 30 kg Jupiter — 30 kg

science **Bizz !**

En apesanteur

Dans l'espace, il n'y a pas de gravité ; les objets flottent dans l'air et ne tombent pas. C'est ce qu'on appelle l'« état d'apesanteur ». Avant leur départ en mission, les astronautes doivent toujours s'entraîner à se déplacer, à manger et à boire tout en flottant en apesanteur.

gravité

La gravité est une force physique qui attire les objets vers le sol et les fait tomber. La gravité est différente sur chaque astre.

Le **poids** représente la force d'attraction exercée par un astre sur ton corps. Ton poids dépendra de la **gravité** de l'astre sur lequel il se trouve.

Ton poids est donc synonyme de la force d'attraction que subit ton corps selon l'endroit où il se trouve dans l'Univers.

Voici comment agit cette force d'attraction sur le saut en hauteur d'une personne. Tu peux constater que, selon l'astre où elle se trouve, son poids est différent.

sur la Lune   sur la Terre   sur Jupiter

C'est donc la gravité de l'astre qui détermine le poids de l'objet. Par exemple, la force de gravité exercée par la Lune est 6 fois moins grande que celle exercée par la Terre. Ton poids sera donc 6 fois moins élevé sur la Lune que sur la Terre.

A Un athlète effectue sur Terre un saut en hauteur de 2,4 mètres. Sur la Lune, le même saut effectué avec la même force donne une hauteur de 14,5 mètres et, sur Jupiter, la hauteur du saut est de 1 mètre.

1. Sur lequel de ces astres le poids de l'athlète est-il le plus grand?

_____

2. Sur lequel de ces astres le poids de l'athlète est-il le plus petit?

_____

3. Sur lequel de ces astres l'athlète a-t-il la plus petite masse?

_____

Isaac Newton

En 1687, le physicien anglais Isaac Newton publie ses *Principes mathématiques de la philosophie naturelle*. Dans cet ouvrage, il présente, entre autres, la loi de la **gravitation universelle**. On raconte que c'est en recevant une pomme sur la tête alors qu'il dormait sous un pommier qu'il a compris que, sur Terre, tous les objets tombent : ils sont attirés par la Terre, qui exerce sur eux une force d'attraction gravitationnelle.

Qu'est-ce que la masse volumique?

La **masse volumique** est une propriété caractéristique qu'on utilise pour distinguer une substance d'une autre. Pour un même **volume**, deux substances différentes auront une **masse** différente. La masse volumique fait partie de la «carte d'identité» d'une substance, comme l'empreinte digitale pour un être humain.

La masse volumique permet de comparer la masse de substances différentes qui ont un volume identique, soit 1 cm^3 pour un solide et 1 ml pour un liquide. On exprime la masse volumique d'une substance en gramme par centimètre cube (g/cm^3) ou en gramme par millilitre (g/ml).

Prenons ces trois cubes. Chacun occupe un volume de 1 cm^3. Comme ce sont trois substances différentes, chaque cube a une masse qui lui est propre. Donc, chacun possède sa propre masse volumique.

volume
C'est la mesure de l'espace occupé par un corps, que ce corps soit solide, liquide ou gazeux. Le volume se mesure habituellement en millilitre (ml) si c'est un liquide ou en centimètre cube (cm^3) s'il s'agit d'un solide ou d'un gaz.

masse
C'est la mesure de la quantité de matière qui compose un corps. La masse se mesure habituellement en gramme (g) ou en kilogramme (kg).

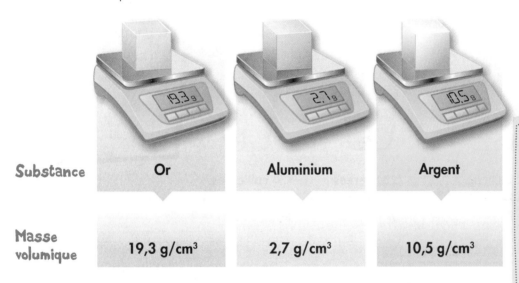

Substance	Or	Aluminium	Argent
Masse volumique	19,3 g/cm^3	2,7 g/cm^3	10,5 g/cm^3

(A) Classe ces substances par ordre croissant de masse volumique.

_____

(B) Si la masse volumique du pétrole est d'environ 0,8 g/ml et que la masse volumique de l'eau de mer est de 1,025 g/ml, que se passe-t-il lors d'un déversement de pétrole dans l'océan?

_____

Déversement de pétrole

Le pétrole a une masse volumique plus petite que celle de l'eau. Lorsqu'il se produit un déversement de pétrole, ce dernier forme une nappe à la surface de l'eau et peut se répandre sur de longues distances. Pour empêcher le pétrole de s'étendre, on utilise des produits spéciaux (un peu comme les billes absorbantes contenues dans les couches pour bébés) qui absorbent le pétrole. Cela permet de recueillir le pétrole, qui est alors trappé comme dans une éponge.

Activité 1.1 LABORATOIRE

La densité de l'eau salée

But ➡ Déterminer si l'eau salée est plus légère que l'eau douce

Mon hypothèse _____

_____

Manipulations

1. Verse de l'eau dans chaque verre. Ajoute assez de colorant dans chaque verre pour obtenir une belle couleur.

2. Mets du sel dans les verres et mélange bien.

Matériel

- Du sel de table
- Une paille transparente
- Des colorants alimentaires : vert, jaune, rouge et bleu
- 4 verres
- De l'eau

| **1 cuillerée à soupe de sel** | **2 cuillerées à soupe de sel** | **3 cuillerées à soupe de sel** | **4 cuillerées à soupe de sel** |

3. Trempe 2 cm de la paille dans le verre vert. Avec ton pouce, bouche le sommet de la paille. Tout en gardant ton pouce sur le bout de la paille, transfère la paille dans le verre jaune. Enfonce-la de 2 cm dans le verre jaune. Enlève ton pouce et enfonce la paille de 2 cm supplémentaires. Remets ton pouce au bout de la paille.

4. Fais les mêmes opérations avec le verre rouge et le verre bleu.

5. Si tu veux conserver ta paille pour l'exposer, place ton doigt sur l'extrémité inférieure pour empêcher les liquides de s'écouler. Bouche l'extrémité supérieure, puis l'extrémité inférieure, avec de la pâte à modeler.

Mes observations et mes résultats _____

_____

Mon analyse et ma conclusion

_____

_____

Activité 1.2

LABORATOIRE

Le mouvement de convection et la masse volumique

But ➡ Comprendre la façon dont l'air chaud se déplace.

Mon hypothèse _____

_____

Manipulations

1. Allume la lampe et attends que l'ampoule soit chaude.

2. Tiens un petit morceau de papier au-dessus de la lampe.

3. Tiens un mobile en forme de spirale au-dessus de la lampe.

4. Allume un bâtonnet d'encens. Fais-le brûler à côté de la lampe, puis au-dessus de la lampe.

Matériel

- Une lampe sans abat-jour et une ampoule tungstène ou halogène
- Du papier hygiénique ou un papier mouchoir
- Un mobile en forme de spirale
- Un bâtonnet d'encens et des allumettes

2   **3**   **4**

Mes observations et mes résultats

_____

_____

_____

_____

Mon analyse et ma conclusion

_____

_____

Histo Bizz!

Haut dans les airs

En 1782, les frères Montgolfier construisent et font voler le premier ballon à air chaud. On nommera ce ballon « montgolfière ». L'air contenu dans le ballon est chauffé, ce qui permet à la nacelle de s'élever dans les airs. Pourquoi ? C'est encore une question de **masse volumique**. L'air chaud se dilate, devenant plus léger que l'air froid. Il s'élève alors, entraînant le ballon et la nacelle.

LE CARNET du SCIENTIFIQUE

1 Dans le laboratoire 1.1, que se passerait-il si tu retournais la paille ?

_____

_____

_____

2 L'huile a une masse volumique plus petite que l'eau. Que se passerait-il si tu essayais d'éteindre avec de l'eau un incendie produit par de l'huile ?

_____

_____

_____

3 Que se passe-t-il lorsque l'eau salée de l'océan rencontre un fleuve d'eau douce ?

_____

_____

_____

4 Un astronaute de 80 kg se rend sur une planète où la force gravitationnelle est 8 fois plus petite que sur Terre.

a) Est-ce que son poids sera plus grand ou plus petit sur cette planète ?

_____

b) Quelle sera sa masse sur cette planète ? _____

5 Tu veux construire une petite voiture pour un concours de science. Ce bolide doit être le plus léger possible. Pour la carrosserie de la voiture, tu as le choix entre trois matériaux : de l'aluminium, du bois de cèdre ou du bois d'érable. Étant donné les masses volumiques de chaque matériau, lequel choisiras-tu ?

Substance	Masse volumique
Aluminium	2,7 g/cm³
Bois de cèdre	0,5 g/cm³
Bois d'érable	0,7 g/cm³

De l'énergie à revendre

Plusieurs transformations se produisent autour de toi et même à l'intérieur de ton corps. Saurais-tu nommer les transformations qui impliquent différentes formes d'énergie?

Différentes formes d'énergie

Énergie chimique

Manger, c'est faire entrer de l'énergie dans notre corps. Les aliments que tu manges sont faits de composés chimiques, ils sont ta principale source d'énergie. Lorsqu'ils sont digérés, ils se transforment et libèrent de l'**énergie chimique**. Une fois libérée, cette énergie sera utilisée pour renouveler et entretenir tous les organes de ton corps.

Énergie lumineuse

L'**énergie lumineuse** est l'énergie transportée par la lumière. Il existe plusieurs sources de lumière, la plus importante étant le Soleil. D'autres sources d'énergie se transforment en énergie lumineuse. Par exemple, l'énergie électrique est transformée en énergie lumineuse au moyen d'une lampe. Cette énergie te permet, entre autres, de lire lorsqu'il fait sombre.

Prendre sa température !

Le fait de «faire de la température» est un indice évident que quelque chose ne va pas dans l'organisme humain. La prise de la température avec un thermomètre nous indique si toutes les activités de ton corps se déroulent normalement. La fièvre est une réaction de défense de ton corps à une infection provenant par exemple d'un virus ou d'une bactérie. Le résultat est rapide, il y a une très grande production d'énergie thermique et la fièvre monte.

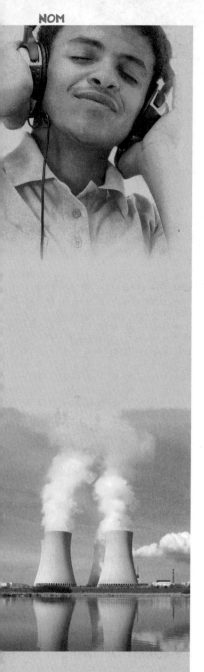

Énergie sonore

L'**énergie sonore**, ou « son », est une onde émise par un objet qui vibre dans l'air. Entendre, c'est capter par nos oreilles les vibrations de l'air. Voici comment on peut « voir » l'énergie sonore. Prends un rouleau de papier hygiénique et recouvre-le d'une pièce de ballon de baudruche. Tends bien cette pièce avec un élastique.

Dépose des grains de riz sur le dessus de ce « tambour » et approche le rouleau du haut-parleur d'une radio. Monte le volume. Tu remarqueras que les grains de riz « sautent » au rythme de la musique.

L'onde sonore, en compressant l'air, fait vibrer le ballon tendu, ce qui fait sauter les grains de riz. Ton tympan se comporte comme le ballon. Il vibre quand il est frappé par une onde sonore.

Cette énergie mécanique est par la suite transformée et transmise au cerveau par le nerf auditif, ce qui te permet d'entendre.

Énergie nucléaire

Certains endroits sur Terre utilisent l'**énergie nucléaire** pour fournir de l'électricité à la population. Dans les centrales nucléaires, on fabrique de l'énergie en brisant des atomes d'uranium. L'intense énergie obtenue sert à faire bouillir de l'eau dont la vapeur est transformée en électricité par des générateurs à turbine.

(A) Relie les différentes sources d'énergie à leur nom.

Énergie chimique   Énergie lumineuse   Énergie sonore   Énergie nucléaire

Activité 2.1 LABORATOiRE

Quelles sont les caractéristiques d'une onde sonore ?

But ➡ Découvrir les caractéristiques d'une onde sonore

Manipulations

1. Aplatis l'une des extrémités de la paille.

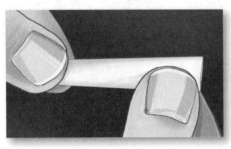

2. Coupe cette extrémité en pointe.

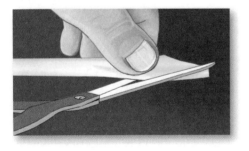

3. Place cette extrémité dans ta bouche et souffle !

4. Place l'autre extrémité dans ta bouche et aspire l'air.

SCiENCE **Bzz!**

Une hanche qui vibre

Certains instruments de musique utilisent le même principe. Par exemple, dans une clarinette ou un saxophone, le souffle fait vibrer l'anche, ce qui produit une onde sonore et, donc, de la musique.

anche

Mes observations et mes résultats

1. Que se passe-t-il quand tu changes l'angle de coupe ?

_____

2. Que se passe-t-il quand tu raccourcis la paille ?

_____

Mon analyse et ma conclusion

_____

_____

Nous sommes de grands énergivores

Tous les jours, nous consommons une forme d'énergie ou une autre. Peux-tu trouver, dans cette illustration, les situations dans lesquelles on consomme de l'énergie?

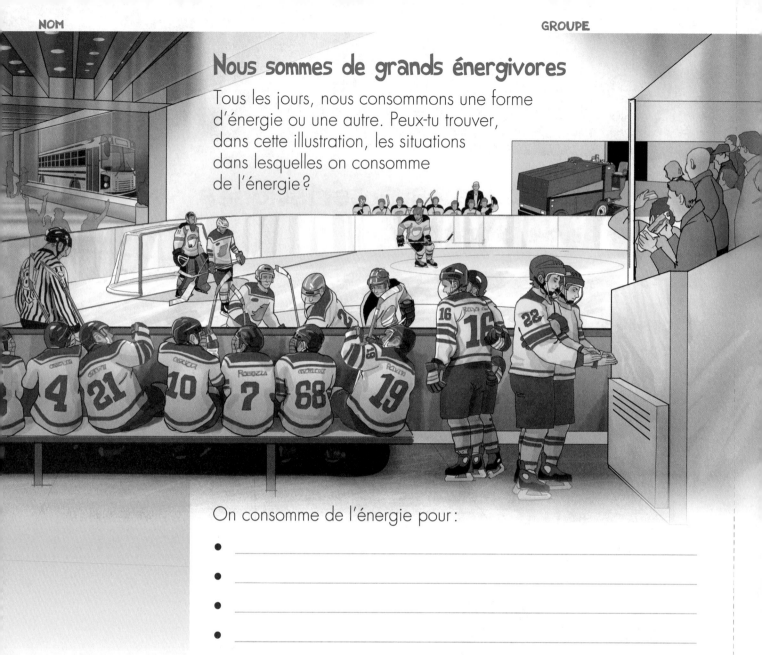

On consomme de l'énergie pour :

- _____
- _____
- _____
- _____
- _____

(A) Certaines sources d'énergie, comme le vent et le soleil, sont renouvelables. D'autres, comme le pétrole et ses dérivés, s'épuisent. Connais-tu des façons d'économiser l'énergie?

Au lieu de...

- laisser une lampe allumée en permanence,

- utiliser une ampoule à filament,

- prendre la voiture pour tous mes déplacements,

je peux...

- _____
- _____
- _____
- _____
- _____

LE CARNET du SCIENTIFIQUE

1 Qui suis-je?

a) Je suis la forme d'énergie que ton corps utilise quand tu manges des aliments.

_____

b) On doit diviser les atomes pour obtenir cette énergie.

_____

c) Cette forme d'énergie arrive à faire vibrer ton tympan.

_____

d) C'est cette énergie qui te permet de mieux voir dans le noir.

_____

2 Nomme une source d'énergie lumineuse non fournie par l'électricité.

_____

_____

3 Indique deux gestes que tu pourrais faire pour économiser de l'énergie.

_____

_____

_____

4 Indique de quelle forme d'énergie il s'agit.

_____ _____ _____ _____

Des objets attirants !

C'est l'hiver, l'air est sec. Tu marches sur du tapis, puis tu touches un ami. Quel choc ! Qu'est-ce qui s'est passé ? Tu viens d'être victime de l'électricité statique !

Qu'est-ce que l'électricité statique ?

atome

Minuscule particule composant la matière.

D'abord, rappelle-toi que toute matière est constituée d'**atomes**.

Un atome est une particule neutre, composée d'un nombre égal de charges électriques positives et de charges électriques négatives.

Voici un atome de carbone. Il contient 6 charges positives et 6 charges négatives. L'**électricité statique** se produit lorsqu'il y a un déséquilibre entre les charges positives et les charges négatives de l'atome. Les charges électriques négatives sont transférées d'un objet à un autre. Quand on frotte deux objets différents ensemble, on augmente le transfert des charges.

Les contraires s'attirent

Deux charges semblables se repoussent.

Deux charges contraires s'attirent.

Quand tu frottes un ballon de baudruche dans tes cheveux, tu arraches des particules négatives de tes cheveux et tu les transfères au ballon.

Le ballon devient négatif, car il a plus de charges négatives que de charges positives. Tes cheveux s'éloignent les uns des autres, car des objets possédant la même charge se repoussent.

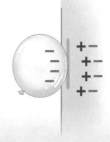

Tu peux alors coller le ballon sur un mur, car un objet chargé négativement (le ballon) est attiré par un objet neutre (le mur).

Activité 3.1 LABORATOIRE

Une expérience attirante !

But ➡ Déterminer les effets de l'électricité statique

Mon hypothèse _____

_____

Manipulations

1. Verse du poivre dans une assiette. Frotte la règle, la cuillère de plastique ou le ballon avec un chiffon de laine. Approche la règle, la cuillère ou le ballon du poivre.

2. Déchire un papier mouchoir en petits morceaux. Approche la règle, la cuillère ou le ballon des morceaux de papier.

3. Ouvre le robinet pour laisser couler un petit filet d'eau. Approche la règle, la cuillère ou le ballon du filet d'eau.

Matériel

- Une règle ou une cuillère en plastique
- Un ballon de baudruche, bien gonflé
- Un chiffon de laine
- Du poivre
- Une assiette
- Un papier mouchoir
- L'accès à un robinet

Mes observations et mes résultats

_____

_____

_____

Mon analyse et ma conclusion

_____

_____

Techno Bizz!

Une photocopie à l'électricité statique

Le photocopieur utilise le principe de l'électrostatique pour imprimer des documents. Grâce à un procédé faisant intervenir une source lumineuse et des charges positives et négatives, l'encre chargée positivement se dépose sur les parties du tambour chargées négativement de la photocopieuse, puis sur le papier.

Unité **4**

Tout un tour de force !

Les ponts, les maisons et les bâtiments autour de toi sont construits selon des règles bien précises. Il ne faudrait pas qu'ils s'effondrent au moindre coup de vent ! Quelles sont les formes de structure les plus utilisées en architecture ?

Techno Bizz !

De bonnes formes

Les formes triangulaires et cylindriques sont les formes les plus utilisées en architecture. Elles répartissent avec efficacité les forces qu'on leur fait supporter, sans plier ni s'effondrer.

Effet d'une force sur une structure

Une **structure** est l'assemblage des pièces qui servent de squelette à un bâtiment. Nous sommes entourés de structures. Pont, toiture, pylône : leur structure est soumise à plusieurs forces.

(A) Donne un exemple d'une force qui pourrait être appliquée sur :

1. un pont _____

2. une toiture _____

3. un pylône électrique _____

Afin de résister à toutes ces forces, la construction de ces structures doit obéir à certaines règles.

Observe ce pont-aqueduc romain construit en France vers l'an 50, le pont d'Avignon, construit en 1177 et le barrage Daniel-Johnson de Manic 5, construit en 1968.

(B) Qu'est-ce que ces structures ont de semblable ?

_____

_____

46 UNIVERS MATÉRIEL • La matière dans tous ses états   © 2013, Les Éditions CEC inc. • **Reproduction interdite**

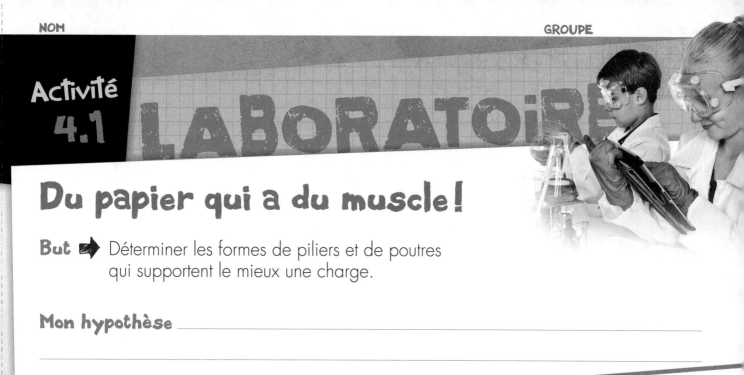

Activité 4.1 LABORATOIRE

Du papier qui a du muscle !

But ➡ Déterminer les formes de piliers et de poutres qui supportent le mieux une charge.

Mon hypothèse _____

_____

Manipulations

1. Plie une feuille ou roule-la pour obtenir les formes de pilier suivantes. Colle bien ta feuille à l'aide de colle ou de ruban adhésif.

- Un prisme à base carrée

- Un prisme à base rectangulaire

- Un cylindre

- Un prisme à base triangulaire

2. Empile des livres ou des objets identiques sur le sommet de tes piliers. Compte le nombre d'objets que tu peux empiler sur chaque pilier avant qu'il ne s'effondre.

3. Plie une feuille pour obtenir les formes suivantes :

- Un accordéon

- Une série de créneaux

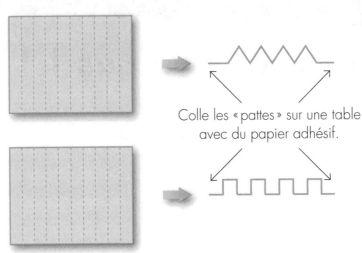

Colle les « pattes » sur une table
avec du papier adhésif.

4. Empile des livres ou des objets identiques sur le dessus de ces formes. Compte le nombre d'objets que tu peux empiler sur chaque forme avant que cela ne s'écrase.

Mes observations et mes résultats

Essai	Nombre d'objets identiques avant que cela ne s'effondre ou ne s'écrase					
	Pilier	Pilier	Pilier	Pilier	Accordéon	Créneaux
1						
2						
3						

Mon analyse et ma conclusion

_____

_____

_____

_____

LE CARNET du SCIENTIFIQUE

1 Vrai ou faux?

a) Deux objets possédant les mêmes charges (positif – positif ou négatif – négatif) se repoussent. _____

b) Deux objets possédant des charges opposées (positif – négatif) s'attirent. _____

c) L'électricité statique se produit quand des particules positives sont transférées.

_____

d) Les colonnes en forme de prisme à base carrée sont les plus solides en architecture. _____

2 Voici une maison en construction.

a) Quelle forme géométrique constitue les fermes de toit, en rouge?

_____

b) Une fois terminé, quelle sera la forme du solide de toit?

_____

3 Voici plusieurs monuments connus un peu partout sur le globe :

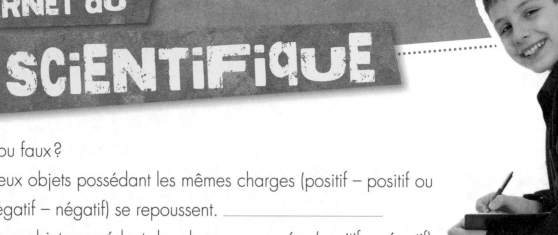

Le Parthénon à Athènes ▼

Musée du Prado à Madrid ▼

▲ Place Saint-Pierre à Rome

▲ Villa Savoye de Le Corbusier

Que remarques-tu concernant la forme des piliers utilisés?

_____

Systèmes et interactions

«Donnez-moi un point d'appui et je soulèverai le monde!» disait le savant Archimède 250 ans avant notre ère. Archimède avait compris qu'avec un levier, on peut multiplier ses forces. Connais-tu des objets usuels qui utilisent le principe du levier?

Qu'est-ce qu'un levier?

Le **levier** est l'une des machines simples les plus vieilles du monde. Il permet de réduire la force nécessaire pour effectuer une tâche. Dans sa forme la plus simple, le levier est composé d'une pièce rigide, une barre, pivotant sur un point d'appui.

Il existe trois types de leviers :

Le levier de type A

Le point d'appui est placé entre les deux forces.

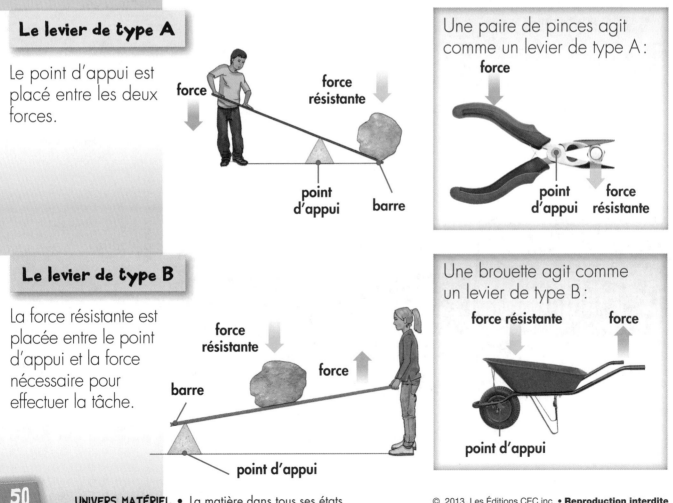

force

force résistante

point d'appui

barre

Une paire de pinces agit comme un levier de type A :

force

point d'appui

force résistante

Le levier de type B

La force résistante est placée entre le point d'appui et la force nécessaire pour effectuer la tâche.

force résistante

force

barre

point d'appui

Une brouette agit comme un levier de type B :

force résistante

force

point d'appui

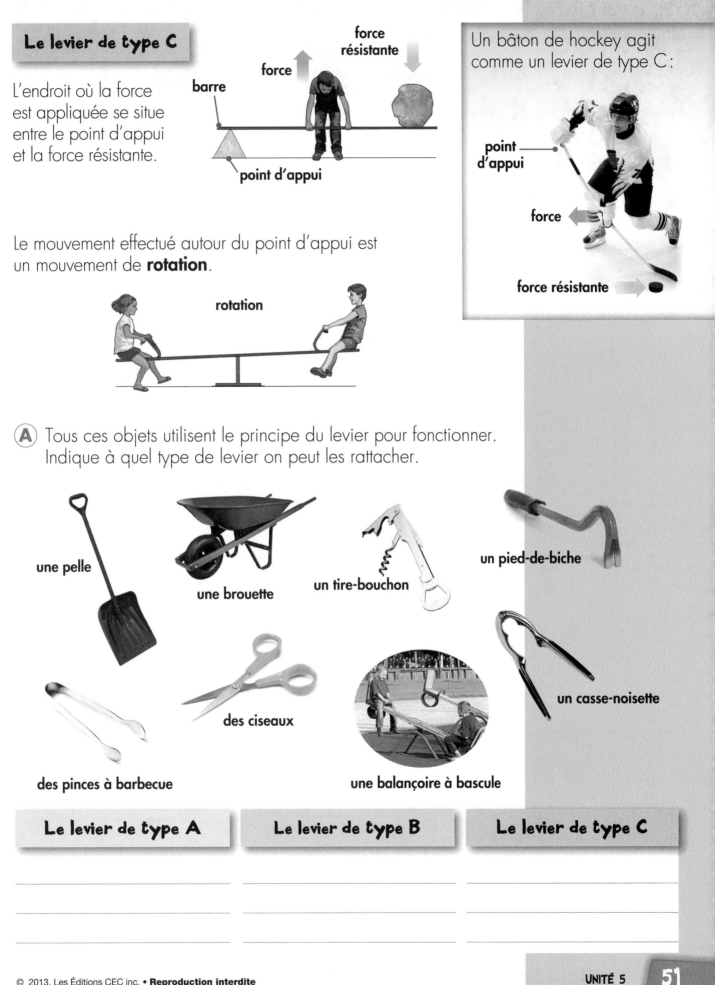

Le levier de type C

L'endroit où la force est appliquée se situe entre le point d'appui et la force résistante.

force résistante

force

barre

point d'appui

Un bâton de hockey agit comme un levier de type C :

point d'appui

force

force résistante

Le mouvement effectué autour du point d'appui est un mouvement de **rotation**.

rotation

A Tous ces objets utilisent le principe du levier pour fonctionner. Indique à quel type de levier on peut les rattacher.

une pelle

une brouette

un tire-bouchon

un pied-de-biche

des pinces à barbecue

des ciseaux

une balançoire à bascule

un casse-noisette

Le levier de type A	Le levier de type B	Le levier de type C

Activité 5.1 LABORATOiRE

Force de levier

But ➡ Découvrir à quel endroit on doit appliquer une force pour pouvoir soulever une masse importante.

Mon hypothèse _____

_____

Manipulations

1. Place la gomme à effacer sur sa tranche et installe la règle dessus, perpendiculairement. La règle doit tenir en équilibre.

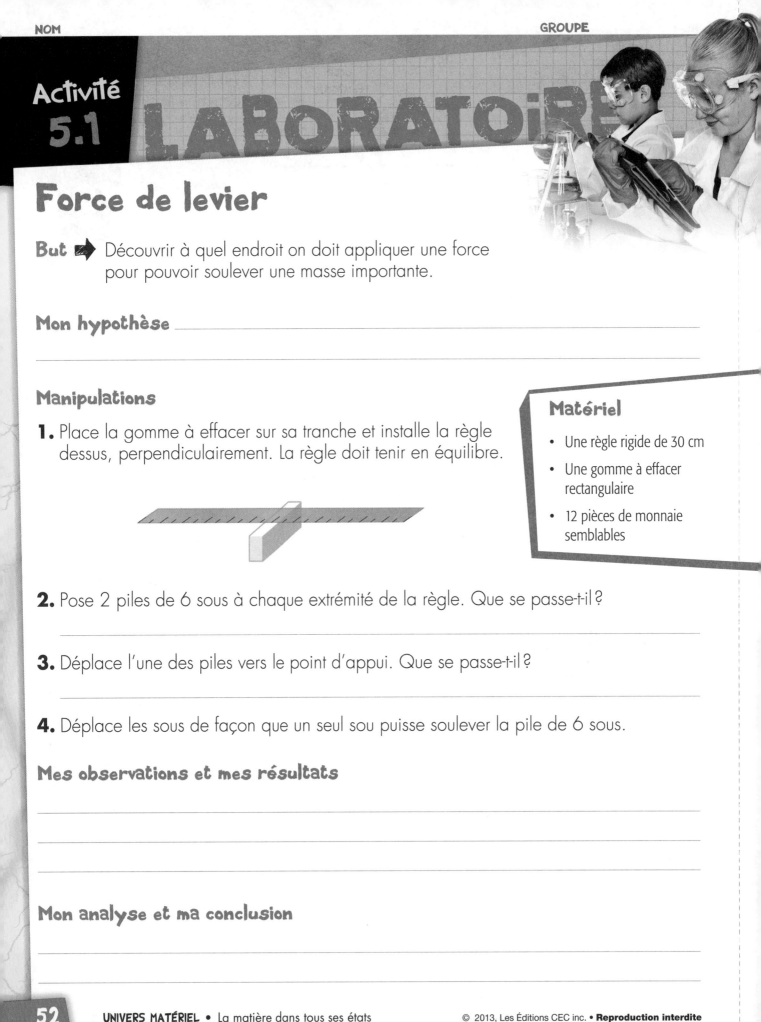

Matériel

- Une règle rigide de 30 cm
- Une gomme à effacer rectangulaire
- 12 pièces de monnaie semblables

2. Pose 2 piles de 6 sous à chaque extrémité de la règle. Que se passe-t-il?

_____

3. Déplace l'une des piles vers le point d'appui. Que se passe-t-il?

_____

4. Déplace les sous de façon que un seul sou puisse soulever la pile de 6 sous.

Mes observations et mes résultats

_____

_____

_____

Mon analyse et ma conclusion

_____

Qu'est-ce qu'une vis?

Une autre machine simple que tu connais bien est la **vis**.
La vis n'est rien d'autre qu'un plan incliné enroulé autour d'un axe.

plan incliné   axe   plan incliné autour
de l'axe

Quand on applique une force en rotation sur la vis, celle-ci effectue un mouvement de translation de haut en bas grâce à ses filets.

On utilise des vis pour **lier** des objets.

force appliquée
en rotation

filet

mouvement
en translation
de la vis

La vis d'Archimède

Il y a environ 2200 ans, Archimède aurait mis au point un dispositif permettant aux habitants des bords du Nil d'arroser leurs terrains. Ce dispositif est maintenant connu sous le nom de **« vis d'Archimède »**. Cette vis est encore largement utilisée, notamment à l'usine de traitement des eaux d'Auteuil, à Laval, où elle permet de transporter les eaux usées chargées de débris. Grâce à sa forme, les débris ne peuvent pas l'obstruer.

Dans une souffleuse à neige, on utilise le principe de la vis pour déplacer la neige grâce à ce qu'on appelle une « vis d'Archimède ». Dans ce cas, ce n'est pas la vis qui s'enfonce dans la neige, mais la neige qui se déplace autour de la vis.

Des machines plus complexes

Pour ses besoins, l'humain a inventé plusieurs systèmes de **transmission du mouvement**. Ces systèmes se trouvent habituellement à l'intérieur des objets techniques.

Les mécanismes que tu verras ici transmettent le même type de mouvement, la rotation, d'une partie d'un objet à une autre.

Système de transmission du mouvement	Engrenages	Poulies et courroie	Roues dentées et chaîne
Fonctionnement	Roues dentées qui transmettent un mouvement de rotation en l'inversant. Selon la grosseur des roues, on les utilise pour augmenter ou diminuer la vitesse à l'intérieur d'un objet.	Même principe que les engrenages, mais les objets peuvent être éloignés l'un de l'autre et le sens de rotation ne change pas.	Même principe que les engrenages, mais les objets peuvent être éloignés l'un de l'autre et le sens de rotation ne change pas.
Symbole			
Exemple	Essoreuse à laitue	Machine à coudre	Vélo

(A) Explique comment le mouvement est transmis du pédalier d'un vélo jusqu'à la roue.

_____

_____

(B) Fais une courte liste d'objets de la vie courante qui fonctionnent à l'aide d'une courroie, d'une chaîne et d'engrenages, puis classe-les dans le tableau ci-dessous.

Objets fonctionnant à l'aide de poulies et d'une courroie	Objets fonctionnant à l'aide de roues dentées et d'une chaîne	Objets fonctionnant à l'aide de roues d'engrenage

LE CARNET DU SCIENTIFIQUE

1. Nomme les 2 composants principaux d'un levier.

_____   _____

2. Sur les systèmes de leviers suivants, indique le point d'appui (A), l'endroit et la direction de la force à appliquer (F) et l'endroit et la direction de la force résistante (FR).

Le levier de type A

Le levier de type C

Le levier de type B

3. À partir de quelle autre machine simple la vis est-elle formée?

_____

4. Observe bien les engrenages ci-dessous. Si on tourne la manivelle dans le sens de la flèche, indique dans quel sens les autres roues dentées tourneront.

a)

b)

À l'essentiel

La matière

La masse

dépend de la quantité de matière

se mesure à l'aide d'une **balance**

s'exprime en **kilogrammes**

est **la même** peu importe l'endroit où on se trouve

Le poids

force d'attraction exercée par un **astre**

est **différent** selon l'endroit où on se trouve dans l'Univers

La masse volumique

masse d'une substance par unité de volume

Le mouvement de convection

l'air ou le liquide **chaud** est plus léger que l'air ou le liquide **froid** et s'élève au-dessus de ce dernier

L'énergie

Formes d'énergie

énergie **chimique**

énergie **lumineuse**

énergie **sonore**

énergie **nucléaire**

Onde sonore

Consommation d'énergie

pour

- manger
- s'éclairer
- se chauffer
- se transporter
- faire des loisirs

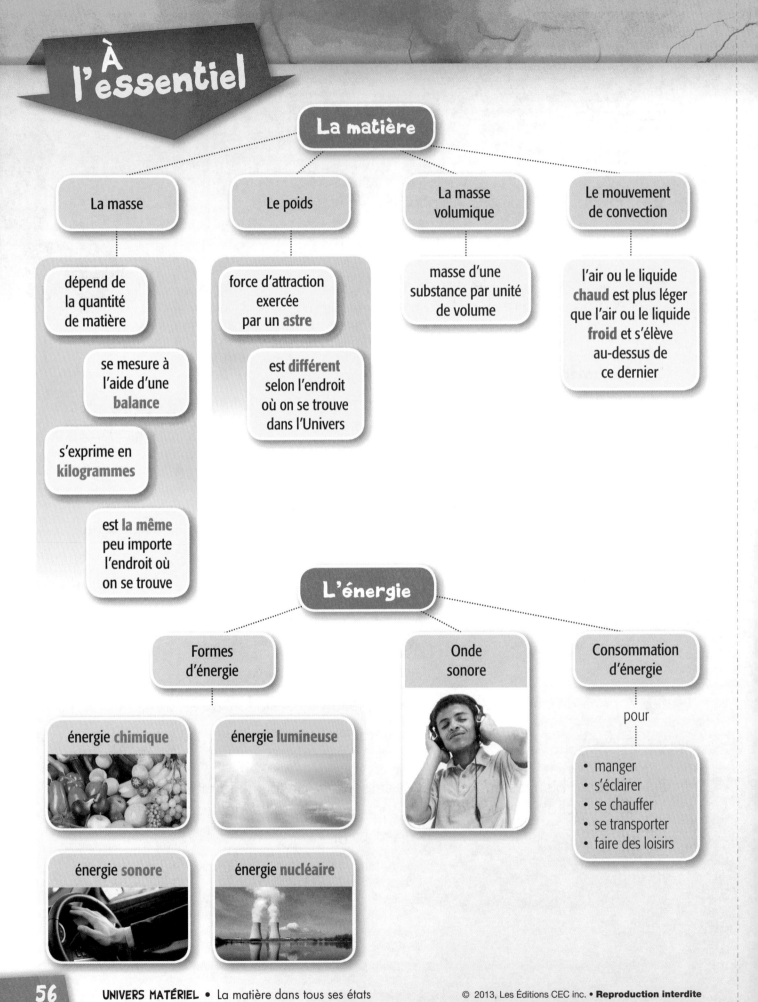

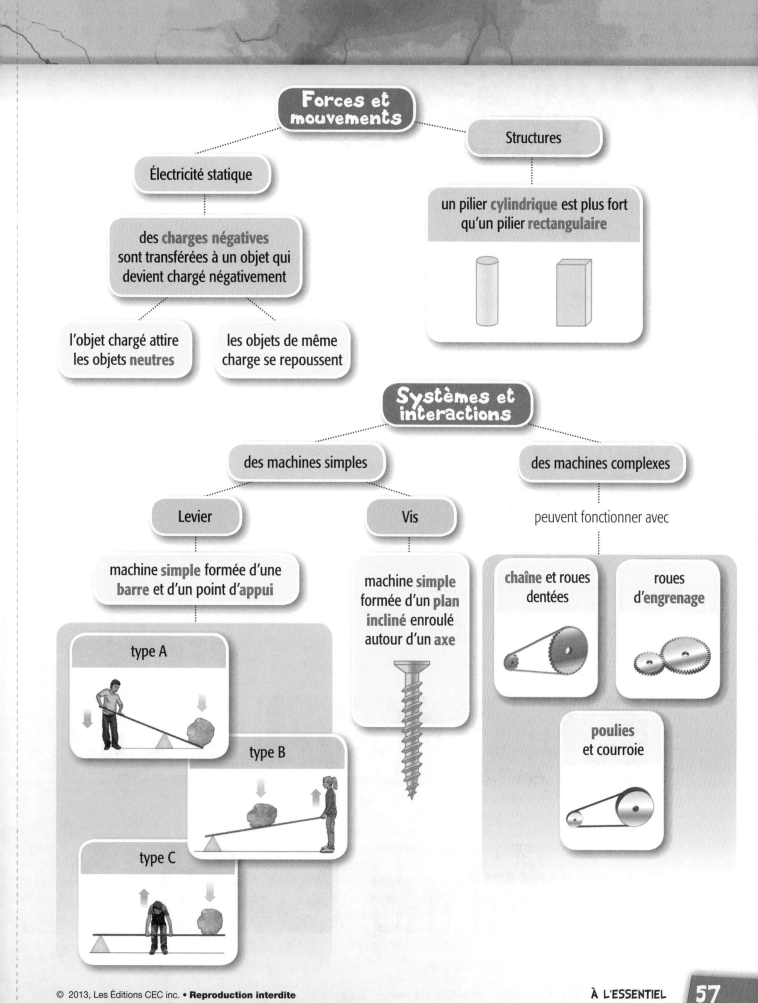

Forces et mouvements

Électricité statique

des **charges négatives** sont transférées à un objet qui devient chargé négativement

l'objet chargé attire les objets **neutres**

les objets de même charge se repoussent

Structures

un pilier **cylindrique** est plus fort qu'un pilier **rectangulaire**

Systèmes et interactions

des machines simples

Levier

machine **simple** formée d'une **barre** et d'un point d'**appui**

type A

type B

type C

Vis

machine **simple** formée d'un **plan incliné** enroulé autour d'un **axe**

des machines complexes

peuvent fonctionner avec

chaîne et roues dentées

roues d'engrenage

poulies et courroie

Synthèse
de mes découvertes

1 Vrai ou faux?

a) La masse d'un objet change selon qu'il se trouve au pôle Nord,

au pôle Sud ou à l'équateur. _____

b) Le poids d'un objet dépend de l'endroit où il se trouve dans l'Univers.

_____

2 Indique l'ordre dans lequel tu dois verser les liquides suivants pour qu'ils s'empilent sans se mélanger.

Liquide	Eau	Glycérine	Huile d'olive
Masse volumique	1 g/ml	1,26 g/ml	0,92 g/ml

_____

3 Complète la phrase suivante :

L'air _____ est plus léger que l'air _____.

4 Indique les formes d'énergie qui sont représentées.

_____   _____   _____

_____   _____

5 Quand tu frottes un ballon sur tes cheveux, le ballon est chargé

_____, alors que tes cheveux sont chargés positivement.

6 Où se trouve le point faible du pilier rectangulaire?

_____

7 Quelle forme de pilier est la plus solide?

_____

8 Nomme 2 objets de la vie courante qui utilisent des leviers.

_____

9 Je suis formée d'un plan incliné enroulé autour d'un axe. Qui suis-je?

_____

10 Complète le tableau suivant:

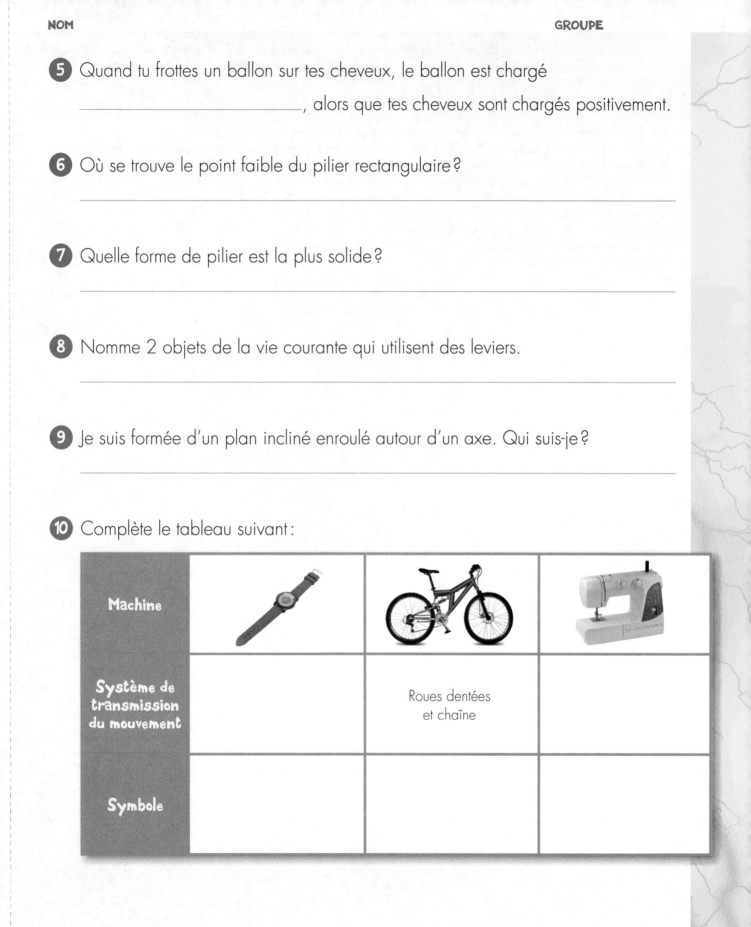

Machine			
Système de transmission du mouvement		Roues dentées et chaîne	
Symbole			

Quelque part dans la galaxie !

Univers Terre et espace

Systèmes et interactions

- Rotation et révolution de la Terre et de la Lune
- Phases du cycle lunaire
- Formation des éclipses
- Reconnaissance des étoiles et des constellations
- Influence et impact des technologies sur le mode de vie

Toute une révolution !

Comme tu le sais, la Terre tourne sur elle-même tout en étant inclinée par rapport au Soleil. C'est ce qui produit l'alternance du jour et de la nuit. Est-ce le seul mouvement qu'effectue la Terre ? Et qu'en est-il de la Lune ?

La révolution de la Terre

En plus de tourner sur elle-même, la Terre tourne aussi autour du Soleil en une année, soit 365 jours. En fait, la Terre tourne autour du Soleil en 365 jours et 6 heures, ce qui fait que nous ajoutons une journée au calendrier tous les 4 ans. Cette année-là, le mois de février compte 29 jours. On appelle cette année particulière **année bissextile**.

Pourquoi y a-t-il de la vie sur Terre ?

C'est grâce à l'atmosphère que nous pouvons vivre sur Terre. En plus de nous permettre de respirer, cette atmosphère forme une réaction chimique avec les rayons du Soleil et produit de l'ozone. L'ozone est un gaz qui nous protège des rayons ultraviolets émis par le Soleil.

Soleil

axe de rotation

sens de rotation

jour

nuit

(A) L'année 2012 était une année bissextile. Quelles seront les quatre années bissextiles suivantes ?

La Terre tourne autour du Soleil en suivant une **ellipse**. On appelle ce déplacement **révolution**.

science Bizz!

Notre voisine

La Lune est le seul **satellite naturel** de la Terre. Cela veut dire que c'est le seul astre qui orbite autour de la Terre. La Lune a une période de rotation d'un peu plus de 28 jours. Sa période de révolution est, elle aussi, d'un peu plus de 28 jours.

Tu veux avoir une idée de la taille de la Lune par rapport à celle de la Terre? Façonne 51 petites boules de pâte à modeler identiques. Prends 50 de ces petites boules et forme une seule boule: c'est la Terre. La petite boule qui reste est la Lune!

B Combien de temps prend la Terre pour faire une révolution autour du Soleil?

_____

Les phases de la Lune

La **Lune** aussi effectue une **rotation** autour de son axe, et elle tourne autour de la Terre dans un mouvement de **révolution**.

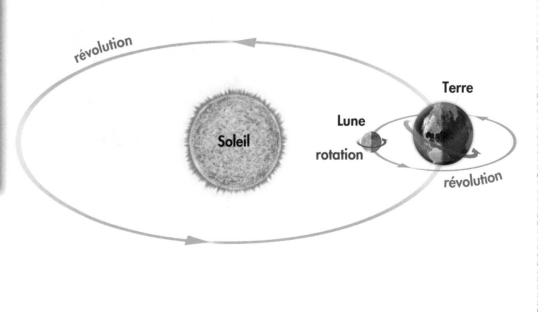

La Lune est plus petite que la Terre. Elle est éclairée par le Soleil et elle nous renvoie cette lumière. La forme de la Lune semble changer, car nous ne voyons qu'une portion de cette partie éclairée. Ce sont les **phases** de la Lune.

Ce schéma représente les phases de la Lune au cours de sa révolution autour de la Terre. Les vignettes représentent de quelle manière on voit la Lune depuis la Terre à chacune des phases.

phase
Changement apparent de la forme de la Lune.

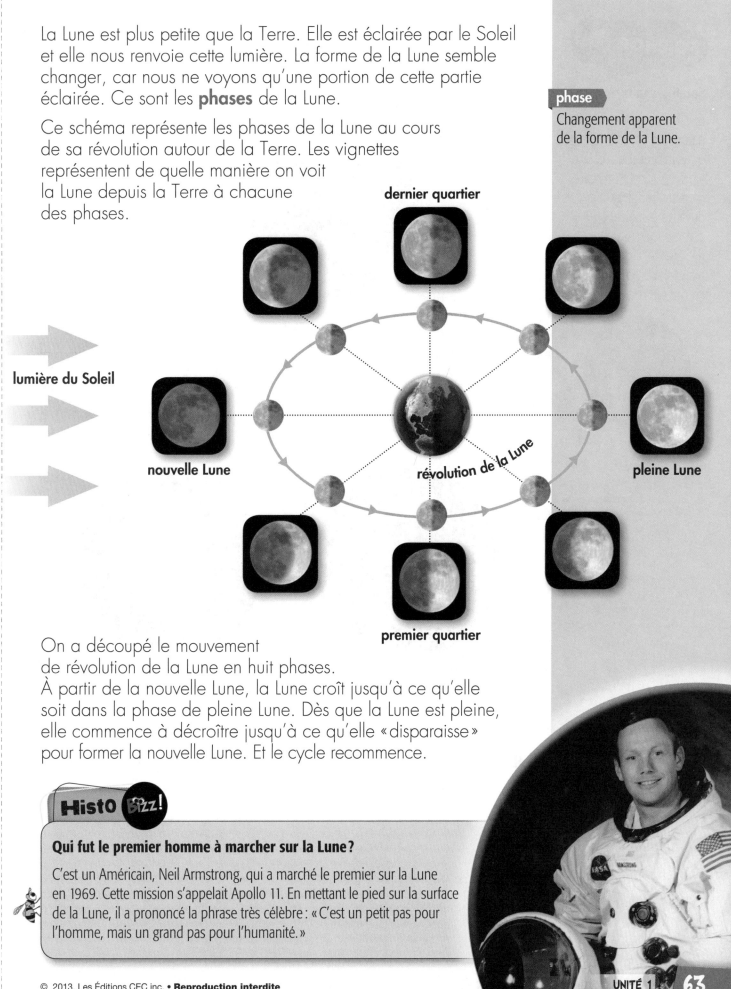

lumière du Soleil

dernier quartier

nouvelle Lune

révolution de la Lune

pleine Lune

premier quartier

On a découpé le mouvement de révolution de la Lune en huit phases.
À partir de la nouvelle Lune, la Lune croît jusqu'à ce qu'elle soit dans la phase de pleine Lune. Dès que la Lune est pleine, elle commence à décroître jusqu'à ce qu'elle « disparaisse » pour former la nouvelle Lune. Et le cycle recommence.

HistO Bizz!

Qui fut le premier homme à marcher sur la Lune?

C'est un Américain, Neil Armstrong, qui a marché le premier sur la Lune en 1969. Cette mission s'appelait Apollo 11. En mettant le pied sur la surface de la Lune, il a prononcé la phrase très célèbre : « C'est un petit pas pour l'homme, mais un grand pas pour l'humanité. »

Satellites naturels

La Lune est le seul satellite naturel de la Terre. Elle est donc le seul corps céleste à orbiter autour de notre planète. Certaines planètes du système solaire, comme Mercure, n'ont pas de satellite, alors que d'autres, comme Jupiter, en ont plus de 60 !

Jupiter et quatre de ses lunes

A Pour un observateur se trouvant sur Terre, dans quelle phase est la Lune ?

lumière du Soleil

Quand on se trouve dans l'**hémisphère nord** et qu'on observe la Lune, les astronomes disent que la Lune est menteuse !

Quand elle forme un **C**, elle décroît.

Quand elle forme un **D**, elle croît.

B Si tu vois cette Lune dans le ciel, te diriges-tu vers la pleine Lune ou vers la nouvelle Lune ?

C Pourquoi ne voit-on pas la Lune lors de la nouvelle Lune ?

Activité 1.1
LABORATOIRE

Les phases de la Lune

But ➡ Comprendre à quoi sont dues les phases de la Lune

Mon hypothèse _____

_____

_____

Manipulations

1. Plante la brochette dans la boule de mousse de polystyrène.

2. Dans une pièce totalement sombre, allume le projecteur ou la lampe de poche. En tenant la brochette, place la boule devant toi, face au projecteur.

3. Effectue lentement un tour sur toi-même dans le sens antihoraire. Fais attention que ton corps ne cache pas la lumière !

Matériel

- Un projecteur ou une lampe de poche très puissante
- Une boule en mousse de polystyrène blanc
- Une brochette de bambou (ou un cintre métallique déplié)

Mes résultats

Dessine ce que tu observes quand :

1 tu fais face au projecteur.

2 le projecteur est à ta droite.

Observations

Observations

3 le projecteur est derrière toi.

4 le projecteur est à ta gauche.

Observations

Observations

1. Que représente la boule de polystyrène ?

_____

2. Que représente le projecteur ?

_____

3. Que représente l'illustration que tu as faite :

   a) au numéro 1 ? _____

   b) au numéro 2 ? _____

   c) au numéro 3 ? _____

   d) au numéro 4 ? _____

Mon analyse et ma conclusion

_____

_____

_____

_____

LE CARNET DU SCIENTIFIQUE

1. Quels sont les deux principaux mouvements effectués par la Terre?

_____

2. Quels sont les deux mouvements effectués par la Lune?

_____

3. Comment appelle-t-on une année où le mois de février compte 29 jours?

_____

4. Écris le nom de chaque phase de la Lune pour un observateur de l'hémisphère nord. Replace ensuite ces photos dans l'ordre, en commençant par la nouvelle Lune.

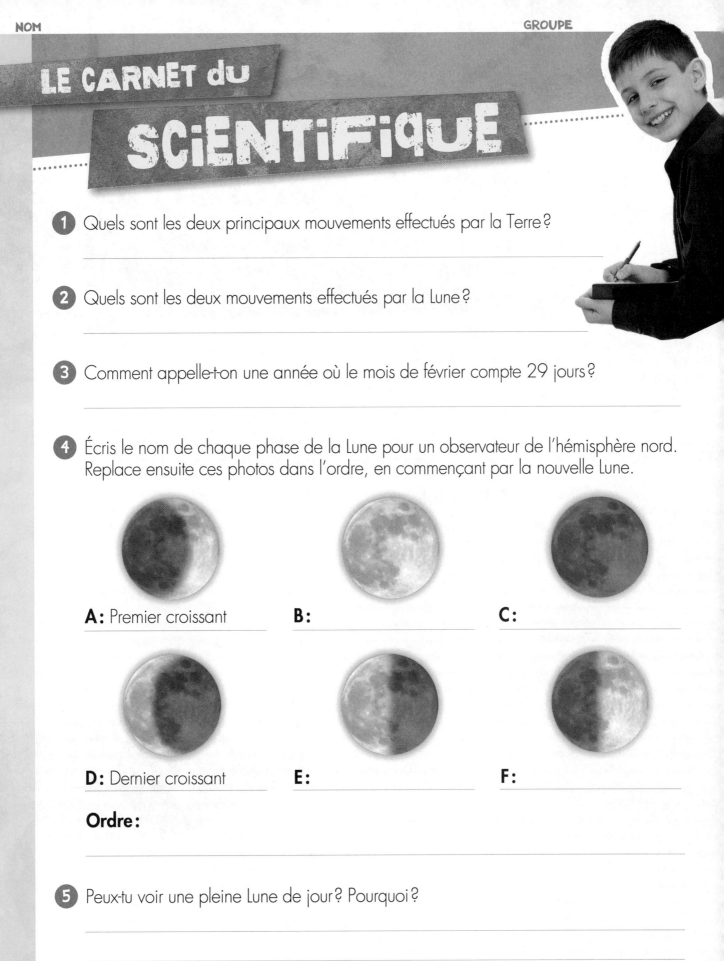

A: Premier croissant   **B:** _____   **C:** _____

D: Dernier croissant   **E:** _____   **F:** _____

Ordre:

_____

5. Peux-tu voir une pleine Lune de jour? Pourquoi?

_____

_____

Éclipse

Elle a sauvé la vie de **Tintin** et du capitaine **Haddock** dans *Le Temple du Soleil*. Certains disent qu'il est dangereux de la regarder en face, d'autres voyagent des milliers de kilomètres pour avoir la chance de la voir. Sais-tu comment se forme une éclipse?

Qu'est-ce qu'une éclipse?

Une éclipse survient quand un astre, comme la Lune ou le Soleil, semble disparaître temporairement du ciel, alors qu'il était bien visible. Cette disparition peut être totale ou partielle.

Éclipse solaire

ombre

Silhouette d'un corps qui intercepte la lumière. L'obscurité est alors totale.

pénombre

Zone d'ombre partielle.

Une éclipse solaire arrive lorsque la Lune se place entre le Soleil et la Terre et qu'elle cache le Soleil.

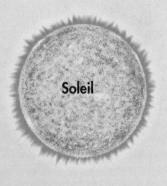

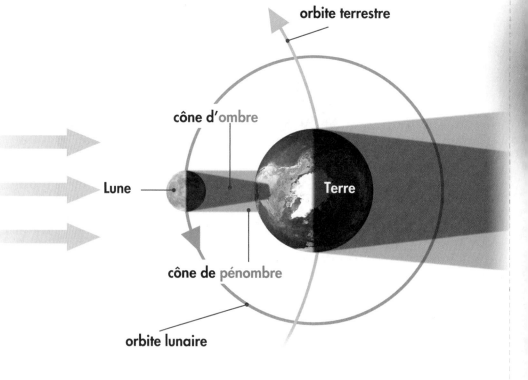

orbite terrestre

cône d'ombre

Lune — Terre

cône de **pénombre**

orbite lunaire

Éclipse solaire totale

- La Lune est à une distance parfaite pour cacher complètement le Soleil.

- Le Soleil, la Lune et la Terre sont parfaitement alignés. Ces éclipses se produisent en moyenne tous les 6 mois. Cependant, la zone d'ombre n'est pas très grande. Peu de gens ont la chance d'observer une éclipse solaire totale. La prochaine éclipse totale du Soleil qui sera visible dans le sud du Québec se produira le 8 avril… 2024 !

Au moment de la totalité de l'éclipse, si tu es un observateur placé dans le cône d'ombre, tu pourras observer la **couronne solaire**.

(A) Lors d'une éclipse solaire, dans quelle phase se trouve la Lune pour les gens qui sont dans la zone d'ombre ?

_____

_____

_____

> **couronne solaire**
>
> Une partie de l'atmosphère du Soleil qui s'étend sur plusieurs millions de kilomètres en se diluant dans l'espace.

Attention !

Les éclipses solaires sont superbes à observer, mais elles sont dangereuses pour tes yeux. Comme tu n'es pas ébloui par la lumière solaire, tu peux avoir tendance à fixer le Soleil trop longtemps. Les rayons qui s'échappent du Soleil peuvent brûler ta rétine et te rendre partiellement aveugle.

Éclipse solaire partielle

- Tu te trouves dans le cône de pénombre.

- La Lune ne cache pas complètement le Soleil. La zone de pénombre est plus grande que la zone d'ombre. Un plus grand nombre de personnes ont la chance d'observer une éclipse partielle.

Éclipse solaire annulaire

- Le Soleil, la Lune et la Terre sont parfaitement alignés.

- La Lune se trouve trop loin de la Terre pour pouvoir cacher complètement le Soleil.

Une boîte à chaussures sécuritaire !

Pour observer une éclipse solaire en toute sécurité, tu peux utiliser une boîte à chaussures. À une extrémité, tu perces un trou d'un millimètre de diamètre (à l'aide d'une grosse aiguille, par exemple) et une ouverture un peu plus grande pour l'œil. Du côté opposé, à l'intérieur de la boîte, tu colles un morceau de papier blanc. C'est ton écran. Ferme la boîte et place-toi dos au Soleil.

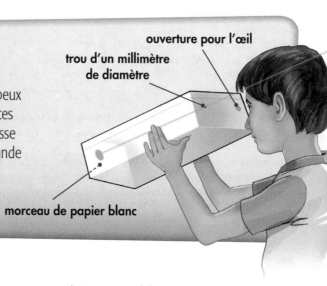

ouverture pour l'œil
trou d'un millimètre de diamètre
morceau de papier blanc

Éclipse lunaire

Une éclipse lunaire se produit quand la Terre se place entre le Soleil et la Lune. C'est l'ombre projetée de la Terre qui semble « éteindre » la Lune. Cette dernière prend alors une teinte cuivrée.

Contrairement à l'éclipse de Soleil, l'éclipse de Lune a lieu pendant la nuit et toute la population qui est du côté opposé au Soleil peut l'observer.

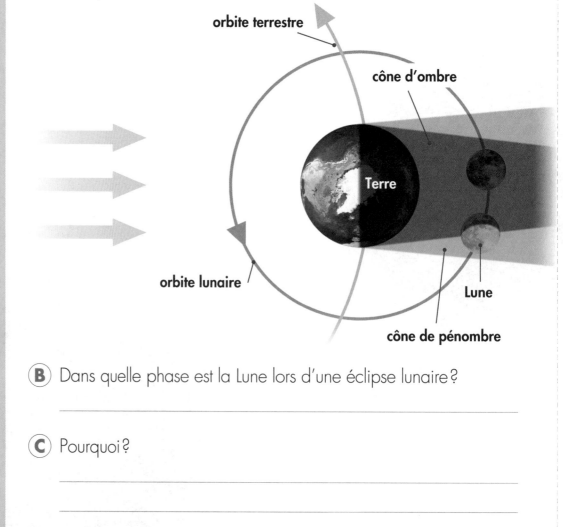

Soleil

orbite terrestre
cône d'ombre
Terre
Lune
cône de pénombre
orbite lunaire

B Dans quelle phase est la Lune lors d'une éclipse lunaire ?

_____

C Pourquoi ?

_____

_____

LE CARNET du SCIENTIFIQUE

1 Place les mots suivants au bon endroit.

| Lune | Lune | Terre | Terre |

Une éclipse solaire survient lorsque la _____

passe entre la _____ et le Soleil. Une éclipse lunaire

se produit quand la _____ passe entre la _____

et le Soleil.

2 Vrai ou faux?

a) Une éclipse solaire survient quand le Soleil passe entre la Terre et la Lune.

_____

b) Une éclipse solaire se produit tous les ans au Québec.

_____

c) Pendant une éclipse totale de Lune, il n'y a aucun danger à fixer la Lune.

_____

3 Pourquoi faut-il prendre des précautions quand on observe le Soleil, plus encore lors d'une éclipse solaire?

_____

_____

_____

4 Explique la différence entre une éclipse totale et une éclipse partielle de Soleil.

_____

_____

_____

_____

Unité 3

Une ourse nous indique le pôle Nord

Quand tu te trouves à l'extérieur loin des lumières de la ville, tu peux observer des milliers d'étoiles, des planètes et des satellites. Comment peux-tu t'y retrouver ?

La galaxie

La Terre, tout comme les sept autres planètes, tourne autour d'une grosse étoile : le Soleil. Le Soleil est donc l'étoile qui est au centre de notre système solaire. Le Soleil appartient à la **Voie lactée**, une galaxie qui compte au moins 200 milliards d'étoiles !

SCIENCE Bizz!

Qu'est-ce qu'une galaxie ?
Les galaxies sont d'énormes concentrations d'étoiles. La galaxie où nous habitons s'appelle la **Voie lactée**. On la reconnaît à sa longue traînée blanchâtre comme le lait qui se dessine dans le ciel.

Qu'est-ce qu'une étoile ?
C'est une boule de gaz très chaude. Cette boule brille et émet de l'énergie. Le Soleil est l'étoile la plus proche de la Terre.

Qu'est-ce qu'une planète ?
C'est un objet céleste d'assez grande dimension qui ne dégage pas de lumière. La planète est en orbite autour d'une étoile.

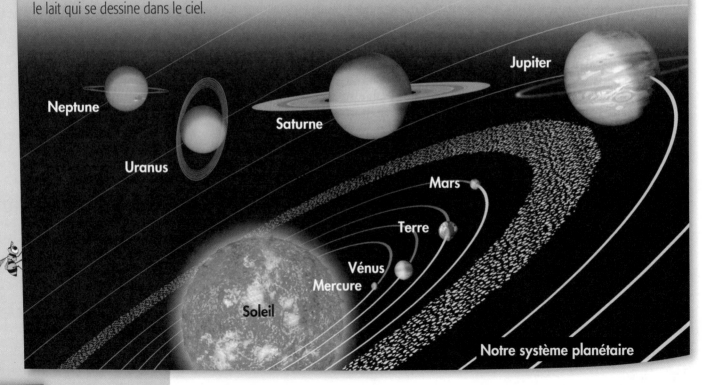

Neptune · Uranus · Saturne · Jupiter · Mars · Terre · Vénus · Mercure · Soleil

Notre système planétaire

Pourquoi y a-t-il des constellations?

Pour se repérer dans le ciel, les premiers **astronomes** ont imaginé relier entre elles les étoiles qu'ils voyaient. Ils ont donné à ces groupes d'étoiles le nom de dieux et de héros de leur **mythologie**. Ces groupes d'étoiles, ou **constellations**, étaient bien utiles pour se repérer sur la terre et sur la mer.

Les noms des constellations sont surtout basés sur la tradition de la Grèce antique, car elle s'est transmise jusqu'à nous. On retrouve officiellement 88 constellations dans le ciel.

astronome
Personne qui étudie les astres, comme les étoiles et les planètes.

mythologie
Ensemble des dieux et des héros d'une société.

Orion est la constellation d'hiver la plus remarquable. Orion est un chasseur de la mythologie grecque. Sa ceinture est composée de trois étoiles très brillantes.

Orion

Cassiopée

Cassiopée forme un W bien visible. La constellation représente la reine Cassiopée de la mythologie grecque. C'était la femme de Céphée et la mère d'Andromède, à côté desquels elle se trouve dans le ciel.

As-tu déjà entendu parler de la **Grande Ourse**? Ou de la Casserole? Ces deux noms représentent la même constellation. C'est une constellation importante, car elle est visible toute l'année dans le ciel **boréal**.

Grande Ourse

boréal
Relatif au nord de la sphère céleste.

Petite Ourse

La **Petite Ourse** est aussi très connue. Elle a presque la même forme que la Grande Ourse, mais est plus petite.

étoile Polaire

Petite Ourse

Grande Ourse

La Grande Ourse et la Petite Ourse nous montrent Polaris, l'**étoile Polaire**. Cette étoile est située dans le prolongement du pôle Nord de la Terre. La voûte céleste semble tourner autour de cette étoile pivot.

Pour trouver l'étoile Polaire, mesure avec ton index et ton majeur les deux étoiles situées aux extrémités de la casserole. Reporte cette mesure cinq fois: tu atteindras Polaris. Elle est la dernière étoile de la queue de la Petite Ourse.

Activité 3.1 LABORATOIRE

Un planétarium

planétarium

Installation où sont projetés les corps célestes et où l'on reproduit leurs mouvements.

But ➡ Fabriquer un **planétarium**

Manipulations

_____

_____

_____

_____

_____

_____

_____

_____

_____

_____

_____

_____

Matériel

- Une lampe de poche
- Une boîte de conserve assez haute pour contenir la lampe de poche
- Un ouvre-boîte
- Une aiguille
- Du carton

Mes observations et mes résultats

_____

_____

_____

_____

_____

LE CARNET DU

SCiENTiFiQUE

1 Combien d'étoiles composent la forme de la casserole de la Grande Ourse?

_____

2 Combien d'étoiles composent la forme de la casserole
de la Petite Ourse?

_____

3 Sur cette carte, trace la Grande Ourse,
la Petite Ourse et encercle Polaris.

4 Sur cette carte, trace
la constellation d'Orion.

Des instruments qui ont changé notre vie

Tu allumes la radio ou la télévision et tu sais tout de suite s'il fera beau, si un séisme a frappé une île lointaine ou si on a découvert une nouvelle planète. Quel impact ces connaissances ont-elles sur notre vie?

Les sismographes

Plusieurs instruments inventés par l'humain nous aident à mieux connaître la Terre et le monde qui nous entoure.

Les **sismographes** mesurent l'intensité des tremblements de terre. À l'aide des données collectées au moyen d'un sismographe, les sismologues peuvent, par exemple, avertir les habitants des villes côtières si un **tsunami** déclenché par un tremblement de terre risque d'atteindre la côte.

tsunami
Raz-de-marée provoqué par un séisme.

SCieNCe Bizz!

Un vénérable ancêtre

C'est un philosophe chinois, Zhang Heng, qui a inventé l'ancêtre du sismographe. Son séismoscope, conçu vers l'an 130, permettait de mesurer les tremblements de terre de faible intensité. Les billes contenues dans la gueule des dragons tombaient lors des secousses sismiques.

Les instruments des astronomes

Les **télescopes** nous ont appris à connaître le **cosmos** et les mondes éloignés.

En 1609, Galilée a perfectionné la lunette et l'a utilisée pour regarder le ciel. C'était la première lunette astronomique. Grâce à elle, il a pu observer les quatre plus gros satellites de Jupiter et les montagnes à la surface de la Lune. Une lunette est constituée d'un alignement de lentilles, qui sont des morceaux de verre taillé.

La lunette de Galilée

Une lunette astronomique moderne

En 1671, Isaac Newton a fabriqué le premier télescope. Contrairement à la lunette, le télescope utilise des miroirs pour l'observation astronomique.

Le télescope de Newton

Un télescope moderne

Au Québec, l'Observatoire astronomique du Mont-Mégantic abrite un télescope de 1,6 mètre de diamètre. C'est l'observatoire le plus performant au Canada.

A Pourquoi crois-tu que les observatoires astronomiques sont souvent situés au sommet des montagnes?

_____

_____

_____

Le télescope spatial Hubble

En 1990, on a mis en orbite autour de la Terre le télescope spatial **Hubble**. Placé à 600 km au-dessus de nos têtes, sa position est idéale car il n'est pas soumis à la turbulence de l'atmosphère, ni à la pollution terrestre. Il voit 10 fois mieux qu'un télescope placé sur la Terre! Il capte des signaux qui, une fois transmis à la Terre, sont transformés en images. Les photos de l'espace qu'il fournit sont les plus nettes jamais réalisées. Grâce à lui, nous avons pu découvrir de nouvelles étoiles.

Photo prise par Hubble de la nébuleuse d'Orion, véritable pouponnière d'étoiles

Les satellites artificiels

Les **satellites artificiels** mis en orbite par les différents pays du globe sont devenus indispensables. Ils servent à l'observation de la Terre, aux télécommunications et à la recherche scientifique. Ils nous permettent de téléphoner, de regarder la télévision, de surfer dans Internet et de trouver notre chemin grâce au système de positionnement mondial (ou GPS, pour *Global Positioning System*).

Voici Radarsat-2, un satellite canadien qui sert entre autres à la surveillance des océans, des glaces et de l'environnement.

Les sondes

L'humain ne peut pas voyager dans tout le système solaire. Les sondes sont des vaisseaux-robots que l'on envoie dans le système solaire pour mieux le comprendre. Grâce aux sondes, on s'est approché du Soleil et de la plupart des planètes de notre système solaire.

On a même fait atterrir plusieurs robots sur Mars. Le dernier, en 2012, s'appelle *Curiosity* et envoie vers la Terre ses rapports d'analyse de roches et minéraux.

La sonde Voyager

Grâce aux technologies de la terre, de l'atmosphère et de l'espace, nos vies ont grandement changé. Nous sommes davantage informés de ce qui se passe sur notre planète, nous pouvons communiquer rapidement avec des gens se trouvant n'importe où sur Terre et nous connaissons mieux l'Univers dans lequel nous vivons.

Le robot Curiosity

LE CARNET DU SCiENTiFiQUE

1 À quoi sert un sismographe?

_____

_____

2 Quelle est la différence entre une lunette et un télescope?

_____

_____

3 Pourquoi la position du télescope Hubble lui donne-t-elle un avantage par rapport aux télescopes installés sur Terre?

_____

_____

4 Si j'utilise un appareil muni d'un système de GPS, sur quel instrument puis-je compter pour m'aider à trouver mon chemin?

_____

_____

5 Comment nomme-t-on les vaisseaux-robots que l'on envoie dans l'espace?

_____

_____

6 Quel avantage y a-t-il à envoyer un robot sur Mars?

_____

_____

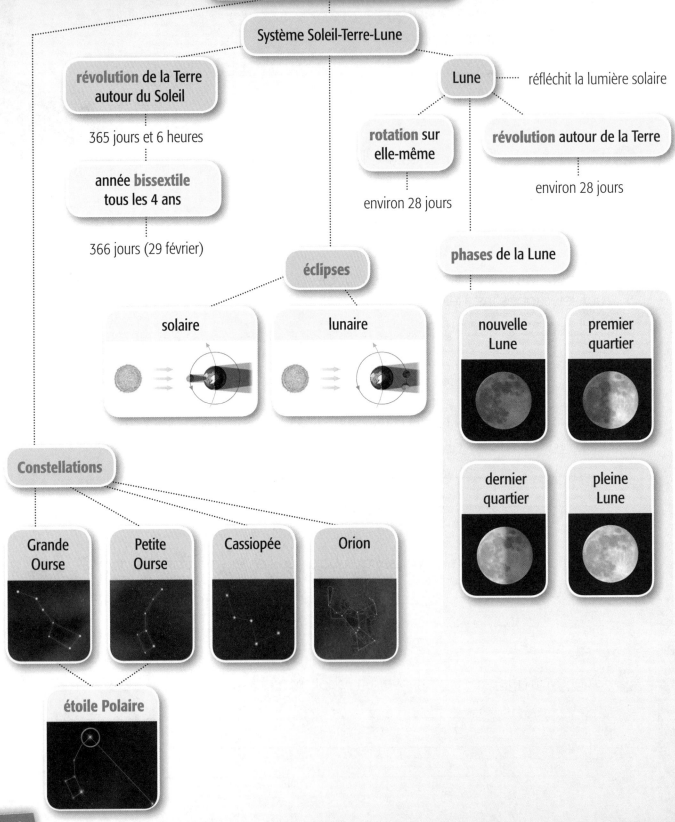

Systèmes et interactions

Système Soleil-Terre-Lune

révolution de la Terre autour du Soleil

365 jours et 6 heures

année **bissextile** tous les 4 ans

366 jours (29 février)

Lune ······ réfléchit la lumière solaire

rotation sur elle-même

révolution autour de la Terre

environ 28 jours

environ 28 jours

éclipses

solaire

lunaire

phases de la Lune

nouvelle Lune

premier quartier

dernier quartier

pleine Lune

Constellations

Grande Ourse

Petite Ourse

Cassiopée

Orion

étoile Polaire

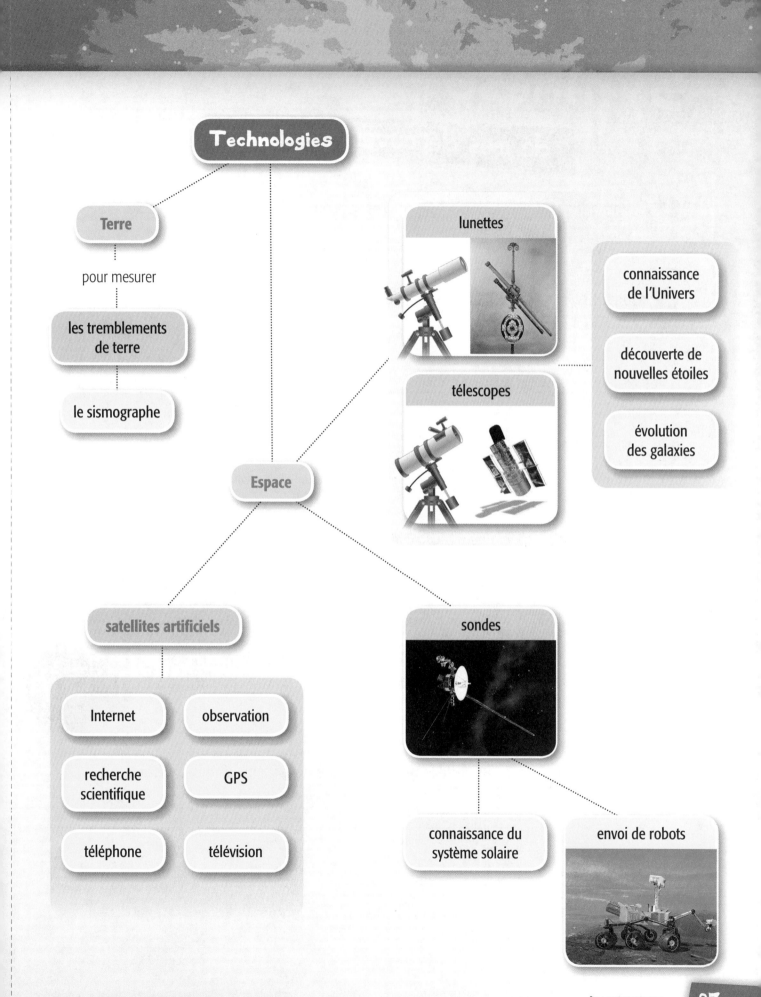

Technologies

Terre

pour mesurer

les tremblements
de terre

le sismographe

Espace

lunettes

télescopes

connaissance
de l'Univers

découverte de
nouvelles étoiles

évolution
des galaxies

satellites artificiels

Internet

observation

recherche
scientifique

GPS

téléphone

télévision

sondes

connaissance du
système solaire

envoi de robots

Synthèse
de mes découvertes

1 Comment s'appelle le mouvement que la Terre effectue autour du Soleil?

_____

2 Pourquoi y a-t-il un 29 février tous les 4 ans?

_____

_____

_____

3 Pourquoi la Lune brille-t-elle?

_____

4 Pourquoi est-ce qu'on ne voit souvent qu'une portion de la Lune?

_____

_____

5 Tu observes le ciel au Québec, dans l'hémisphère nord. Si tu vois cette Lune, te diriges-tu vers la pleine Lune ou vers la nouvelle Lune?

_____

6 Quelles conditions sont nécessaires pour que se produise une éclipse solaire totale?

_____

_____

7 Qu'est-ce qui cache la Lune lors d'une éclipse lunaire?

_____

8 Indique sous chaque image le type d'éclipse dont il s'agit.

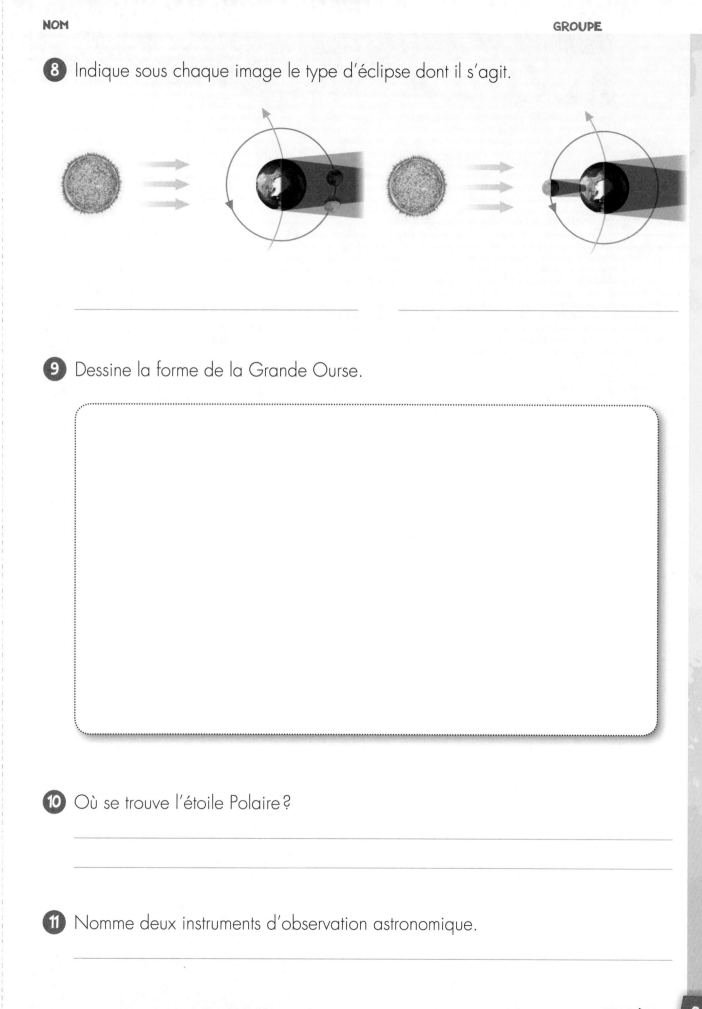

_____   _____

9 Dessine la forme de la Grande Ourse.

10 Où se trouve l'étoile Polaire?

_____

_____

11 Nomme deux instruments d'observation astronomique.

_____

Notes

Source Des photos